Ⅰ章　素顔の裁判官　井垣康弘

Ⅱ章　依頼者と弁護士　南　輝雄

Ⅲ章　裁判への市民参加　井上二郎

Ⅳ章　離婚調停、遺産分割、消費者被害の現場から　片山登志子

Ⅴ章　弁護士の役割・その素顔　磯野英徳

VI章　アメリカにおける調停の再発見　レビン久子

Ⅰ章

素顔の裁判官

井垣康弘

井垣　康弘（いがき　やすひろ）
1940 年　大阪生まれ
1963 年　京都大学法学部卒
1964 年　司法試験合格
1967 年　大阪地裁判事補
1977 年　大阪地裁判事
1987 年　岡山地裁津山支部判事
1997 年　神戸家裁判事
（主な論文）
「家事調停の改革」判例タイムズ 892 号（1996 年）
「同席調停の狙いと成功の条件」判例タイムズ社刊＊井上治典・佐藤彰一共編『現代調停の技法～司法の未来～』所収
「私の構想する法曹一元制度」自由と正義 2000 年 1 月号

離婚パターンさまざまに――元のさやに収まればうれしい

大阪家庭・地方裁判所岸和田支部判事として、岸和田城の隣の裁判所に勤務し、金曜日には一階の法廷を開いて民事訴訟の審理をしている。

火曜日と水曜日には家事調停を開いている。しかし、調停は非公開で、法は当事者のプライバシーを厳重に保護している。傍聴は調停委員会が相当と認める者しか許可できない。ただ、読者に家事調停のイメージを持って頂く必要があるので、調停室の数だけ、とりあえず六つのパターンを示して見る。内容はすべてフィクションである。

「一号調停室」――離婚申し立て、その一、夫婦円満同居のパターン

実家に帰る等して別居してから離婚を申し立てる妻が多い。妻からの申し立てが七〇％を越える。離婚の申し立てに対し、自分は世間並みの普通の夫のつもりだ、申し立ては、妻の「突然のわがまま」だと突き放す夫が多い。調停委員に、「謝って帰って来るように、良く言い聞かせてほしい。説教してほしい」と要求する。しかし、夫から見て突然であっても、妻には長い潜伏期間がある。悩み抜いた上での決断のようで、円満回復に成功することは少なく、五％程度に過ぎない。しかも、委員の説得だけで成功することはまずない。夫本人が、妻の批判を大方受入れ、改

革の具体案を示し、誠心・誠意、根気よく口説き続けて、ようやく成功する場合がときどきあるくらいである。

従前の住まいを離れて、夫婦親子で水入らずでやり直そうという提案の場合、口先だけでは成功しない。新居をさがして来て説得を続けると成功率が高い。うまく行くケースは、憎しみに満ちていた妻の目に、段々期待感がにじみでるようになり、最後は口元に笑みが浮かぶ。

離婚調停の当事者の平均年齢は、夫四〇歳、妻三六歳くらい。後四〇年の人生を一緒に過ごそうと人を説得するのがどんなに大変か、調停関係者は骨身にしみている。それだけに、円満同居に成功すると、本当にうれしい。全員ニコニコ顔になる。

「二号調停室」――その二、当分別居継続のパターン

調停を数回重ねて、夫の説得に妻が動揺しながらも、なお決断がつかない場合がある。そういう場合、例えば、今後毎月一回夫婦親子で食事をしながら話し合いを続けることで合意して、調停をいったん終わることにするケースが一〇%くらいある。どういう結論になるにせよ、調停でしっかり話し合った経験を生かして、悔いのない対話ができるよう祈るような気持だ。

「三号調停室」――その三、離婚のパターン

結局、申し立てのとおり離婚が成立するケースが一番多い。しかし、お互いに悪口を言い合っ

て、傷つき合って別れるというイメージではない。後四〇年の人生を別々に過ごした方が、お互いの幸せだと納得して、明るく清々しい表情で離婚の合意に至る場合が案外多い。

別れても満足感――離婚調停は個別より同席で

調停で離婚という結果になったのに、当事者が明るい清々しい表情でいるとは信じられないという読者が多いと思う。しかし、個別調停から同席調停に切り替えてから、調停成立時に、当事者が強い満足感を抱いておられる様子を感じることがしばしばある。

こんなに話し合ったことは、生まれて初めてだ、話し合って解決できるとは思っていなかった、自信が湧いて来たという当事者が多い。確かに、調停の始めのころ、本音が出ていないのではと心配なケースや、喧嘩になりかかるケースはある。また、当初は、当事者同士が話し合うというよりは、一方当事者と調停委員とが話しているのを、他方当事者が側で聞いているという形が多い。しかし、最終的には、当事者同士の真剣な話し合いに進んでいる。

「四号調停室」――裁判官の役割

調停委員の仲介で当事者同士話し合い、離婚、親権者等は合意できたが、離婚に伴う慰謝料の額について、大きな対立が残って、行き詰まることがある。例えば、妻は慰謝料一〇〇〇万円を要求し、夫は三〇万円なら払いましょうと言うような場合である。

当事者が「訴訟で白黒をつけたい」と望むなら仕方がないが、調停担当裁判官の意見を参考にして、なんとか合意を図りたいと希望される場合、私は、問われるままに、率直に、例えば、七〇〇万円程度のケースと思うとか三〇〇万円前後のケースのように思うとかお答えする。それを聞いて、当事者間で再び協議して、慰謝料の額も合意が成立することがままある。

「五号調停室」――代理人弁護士の役割

申立人が弁護士を立てたことに、相手方夫が納得せず、中身の話の前に、調停委員や弁護士を入れずに、夫婦二人だけで話し合いたいと主張する場合がある。

上手な弁護士は、いろいろとやり取りしているうちに、中身の話を夫から聞き始めることに成功し、身を乗り出すようにして夫の言い分を熱心に聞く。弁護士を入れずに夫婦だけで話し合いたいと最初言っていたのが嘘のように、話が進む。

「六号調停室」――遺産分割調停

老いた両親と同居して二〇年間世話をした長男は寄与分を主張し、家と敷地（例えば、二八〇〇万円）を貰った上、預金類（例えば三二〇〇万円）を三等分せよと言う。弟と妹は、親の家にタダで住んで親を粗末に扱って、寄与分なんか一円も認めない、家と敷地は売却してお金に換え、預金類と合わせて三等分せよと言うような紛争は良くあるパターン。調停期日の前に、調停委員両名が現地にも足を運び、当事者やその配偶者からも何回も事情を聴き、不動産鑑定士委員から価格の意見を聞き、その結果に基づき、調停委員両名と私と弁護士の調停委員の四名で第一次調停案を練り、例えば、長男の二〇年間の寄与を一二〇〇万円と算定し、長男は家と敷地を取得し、弟と妹は預金類を折半してはどうかと提案する。この提案をたたき台にして交渉は活性化する。このシステムはかなり好評である。

一家八人で内職も――大学進学、奨学金が条件

ここで寄り道して、私の略歴に触れる。

私は、一九四〇年に大阪市西成区で薬種商の第三子（長男）として生まれた。五歳のとき、父は兵隊に取られ、夜空一面に火の粉が降りそそぎ、大阪は丸焼けになりそうになって、家族全員で島根県へ疎開した。

やがて、一台のラジオの前に、近所の大人が二〇人も集まって整列し、終戦の放送を聞いて泣いた。大人が泣くのを初めて見た。鬼が来る、女はどこかへ連れて行かれ、子どもは食べられてしまうという話で、近所中の子どもが三日ほど家から出ずに息をひそめていたが、なぜか鬼は来ず、やがて向こうの将軍のマッカーサーは優しい親切なおじさんと聞いて、安心した。

小鮒、ドジョウ、タニシ、イナゴで蛋白質を補い、サツマイモ、カボチャを主食にして育った。収穫の秋は、マツタケ、クリ、ギンナンをたらふく食べた。飼っている鶏と兎を父がさばいて時々食べた。鶏は平気なのに、兎には気が引けて、悲しかったが、食べた。

ビー玉、ベッタン、たこ上げ、木登り、川遊び、魚釣り、トンボ取り、青竹のスキー、ソリ、竹馬、竹トンボ、すごろく等々、そのころの子どもは遊ぶのに忙しかった。毎日近所の子どもと外で遊んでいて、早い日暮が、いつも残念だった。

そのまま島根県大田市で小学校五年生まで暮らし、それから大阪へ戻ってきて、東田辺小学校、中野中学校、天王寺高校へ進んだ。大和川でハスを釣り、夏は羽衣の海に潜ってバカガイを沢山捕って食べた。

中学、高校のころは、最後に数学の微分・積分が分からなくなった以外は、どの科目も面白く、予習も復習も少しも苦痛でなかった。

しかし、大学へ進学させてもらえるかどうかは、直前まで微妙だった。戦前は、漢方薬は良く売れていたそうで、海軍びいきの父は毎月のように寄付をし、感謝状を大きな箱にいっぱい詰めていたが、戦後は、漢方薬の評判が地に落ち、ほとんど客が来てくれない時期が相当長く続いた。ある日の午後一時ころ、店の手提げ金庫をのぞくと空っぽで、そこへ「灸のもぐさ」を買いにきてくれたお客があり、その人が支払ってくれたお金が三〇円カランコロンと鳴った。

そこで、弟三人を加えた八人家族は、夕食の後そのままテーブルを囲んで、毎晩マッチ箱のラ

ベル貼りの内職をしていた。今でも、宣伝マッチを見る度に、その情景を懐かしく、やるせなく思い出す。

中学二年生の時には、半年程新聞配達のアルバイトもした。大人の配達員は自転車だったが、学生アルバイトは自転車が足りず、新聞の束を脇に抱えて走る。無くなると、店に帰って、また束を抱えて走る。朝夕新聞を抱えて走っているうちに、一五〇〇人の中学生のうちで、中距離走が一番速くなった。

姉二人は、高校を卒業すると、いや応なく就職して、収入を家計に入れた。私も、そうなる予定だったが、漢方薬の評判が戻りつつあって、ギリギリの段階で、公立で奨学金をもらえるなら進学ＯＫになった。

無味乾燥だった法律――司法試験　猛勉強七六〇〇時間で合格

かろうじて大学に進めるようにはなったが、いかなる大学のいかなる学部へ進むべきか、見当がつかなかった。高校の担任に相談すると、進路が今決まらないのなら「つぶしの効く法学部」が良かろうとのことで、自宅から通える京都大学の法学部へ進んだ。

大学の教養課程の授業は、ただ一つ、伊谷純一郎先生の「自然人類学」だけが面白かった。「猿学」であるが、いまだに先生のお弟子さんたちの本まで追いかけて読んでいる。

学部に進んで、法律を勉強するようになればと期待していた。憲法、民法、商法、刑法、民事訴訟法、刑事訴訟法をいわゆる「六法」というが、憲法、刑法、刑事訴訟法のごく一部に多少の興味を覚えた他は、何一つ面白くなかった。日本の大学の法学部は、法律のプロの養成学校ではなく、法律家の資格を取るには、司法試験というむちゃ苦茶難しい試験に合格する必要があると友達から聞いた。

学内の大食堂で、司法試験の勉強をしているという学生の姿を三メートル先に見た。彼の三メートル以内にはだれもいなかった。いつも一人で考え事をしながら黙々と食べているらしかった。目は澄んでいたが、髭ボウボウだった。教祖みたいだと思い怖かった。自分も司法試験を受けようとは全く思わなかった。

しかし、来年は就職という時期になって、せっかく大学へ進めたのに、何一つ蓄積がないのは残念だった。漢方薬がかなり売れ始めて、家計は私の収入をそんなに当てにしていないということだったので、司法試験を受けようと決意した。

科目ごとに、この本がベストとうわさされていた本を買い集めたら、全部で一六冊で、この一六冊の本を六回読んで、暗記するくらいになったら、合格ラインに届くという。毎日、一〇〇ページ読みこなすと、計算上は、一年間で目標に届く。しかし、まるで面白くない法律論を無理やり詰め込むのだから、辛い日々だった。結局私は三年半、七六〇〇時間勉強して一九六四年一〇月に合格した。

一九六二年春には社会人になっているはずのところを三年遅れて、一九六五年春、東京の司法研修所に入所した。授業は、実践的で毎日楽しかった。七月には、各地に散り、実務修習に入る。私は、大阪であったが、民事裁判、刑事裁判、家庭裁判所、検察、弁護の実務を一年四ヵ月間学ぶ。七月に大阪に帰って間もなく、クラスの裁判教官から手紙が来て、「君には修習終了後裁判官を志望するよう勧めたい。その積もりで修習に励んで欲しい」と書いてあった。

何となく法学部に進み、何となく裁判官になってしまったことを告白するのは恥ずかしいが、友達の裁判官たちも似たり寄ったりだと言う。

ともあれ、そういう経過で、一九六七年四月、大阪地裁判事補として出発し、あちらこちら転勤した。この三〇年の前半は刑事裁判、中間は民事裁判、後半は家庭裁判所の仕事が中心である。

当事者同席の離婚調停――互いに十分聴き、話す　自主的な解決策発見

家庭裁判所の仕事を中心とするようになって、調停の実績を調べてみると、夫婦関係の調停で四〇%台の前半しか成立に至っていない（一九九五年の全国平均の場合四四・四%）ことや、遺産分割の調停は、合意成立まで平均一年半近くもかかっていることが分かった。

夫婦関係の調停の成立率をもっと高めることはできないものか、遺産分割の調停はせめて平均一年で解決に至らないものかと、取り組み始めて六年になる。

夫婦関係調停の場合、従前、調停委員が当事者から個別に事情をよく聴いて、良い解決案を考えてあげ、上手に説得するという方法が主流であった。

夫婦の間で発生した深刻な紛争だから、同席では言いにくいことも多かろうし、個別で本音を話して頂き、実情をつかんで良い解決案を考えてあげよう、同席で、もしけんかになって話し合いが打ち壊しになっては何もならないというような理由である。

離婚調停といっても、顔を合わせて言い合いしたくないので、双方から個別に事情を良く聴いて、適切な案を出してくれれば、それに乗りたいとして、個別調停を積極的に希望するとともに、調停委員会にゲタを預ける当事者もある。これらは、当然調停が成立する。

しかし、離婚、親権者、養育料、財産分与、慰謝料の全部または一部について、激しく対立しているケースも多く、これらのケースでは、調停委員が当事者から個別に事情をよく聞いて、ベストと思える解決案を考えたつもりでも、当事者自身がその結論に違和感を覚える限り、なかなか説得に応じてもらえない。両者合わせて、成立率五〇%が壁となっている。

そこで、三年前から、当事者双方同席でお互いの言い分を直接述べ合って頂く方式に切り替えてみた。この場合、お互いの言い分をさえぎらずに十分聴くこと、先方の言い分を先方の立場に立って理解しようと努力すること、理解しにくい点は遠慮なく尋ねることが大切で、最初は、調停委員が聞き役を務め、お手本を示すことから始まるが、間もなく、ほとんどすべての当事者間で、このような「対話」ができるようになる。

調停委員や裁判官の参考意見も、必ず当事者同席の場で述べるようにし、秘密を作らないようにした。

この結果、夫婦関係調停の成立率は七〇％（実質解決した取り下げを含めると九〇％）と急増した。当事者は、透明で開かれた手続のもとで、対話しながら自主的に解決策を見つけるのである。泣いたり怒鳴ったりというプロセスをたどるケースもほんの少しはあるが、そこを通り抜けると、皆さん明るくすがすがしくなられる。

そうしてみると、家庭裁判所にまで来るほどこじれた紛争の当事者も、紛争解決能力が劣っているわけでは決してなく、一時的な対話障害が生じているにすぎないことが分かる。対話の回復に成功すれば、法的助言が必要な場合があるにせよ、紛争は、当事者が主役を務め、自主的に解決に至るのである。家事調停から暗さが吹き飛んだのは本当にうれしい。

同席調停、今後も推進――弁護士、学者ら三六人で研究会

理屈を言うと、個別調停とは、善意で親切な考え方に基づくものではあるが、第三者である調停委員会が情報を独占し、当事者に対し適宜情報操作を行いながら説得をするというシステムで、知らしむべからず、よらしむべしとの理念に立っているようである。このシステムは、どこか暗い。

他方、同席調停とは、情報を当事者に開示し、第三者と当事者との間で全情報を共有しながら、当事者の自己決定を促すというシステムであり、当事者が主役との理念に立っている。当事者を主役にした調停は明るい。そして、驚くほど成果が上がることが分かった。

遺産分割調停のシステムの詳しい説明は先き送りにするが、普通で、申し立てから平均八ヵ月で調停成立するようになってきている。

これらのシステムを作る過程で、多数の調停委員と弁護士と長期間にわたり六回も協議を重ねた。そして、一応の成果を判例タイムズという法律雑誌に発表した（八九二号）。ご関心のある方はご一読頂きたい。

夫婦関係と遺産分割に関するこの二つのシステムが、果たして紛争解決の手続法理にかなっているか、当事者の満足度はどうか、外国の調停制度はどうなっているか、多角的な研究をしたいと考え、弁護士、学者などを募って、昨年（一九九六年）三月、大阪に「家事調停改革実務研究会」を発足させた。現在、正式の研究員の数は、中堅・若手の弁護士が三三人、学者が三人であるが、懇談して頂いた東西の学者の数は一五名に上る。

研究会では、家事調停、民事調停、民事訴訟上の和解、裁判所以外の紛争処理機関、外国の類似制度等に関する主要論文を二〇〇近く収集し、勉強しながら、議論を重ねている。

一年がかりで、同席手続を原則とする意欲的なマニュアルである「離婚調停の申立人代理人弁護士用マニュアル一九九七年版」を作成中で、完成したら全国の多数の弁護士に託し、実践上の経験を集約しようと試みている。

当事者の満足度については、専門の学者の協力を得て、調停を経験した市民にアンケートを行い、意見を集約しようと試みている。

外国の調停制度のうち、アメリカについては、幸いニューヨーク在住の調停者レビン久子氏の『ブルックリンの調停者』という好著（ジェトロブックス）がある。アメリカは訴訟社会といわれているが、最近調停に全力を注いでいる。レビン久子さんには、昨年一〇月の研究会に講師として参加頂いた。今年も参加して下さる予定である。

不動産鑑定士が価格調査——遺産相続、解決早まる

岸和田支部のデータによると、遺産分割事件の平均遺産額は約八二〇〇万円である。その内、約七二〇〇万円が不動産の価格であり、残り約一〇〇〇万円が預貯金である。遺産分割とは、不動産の分割であるといわれるゆえんである。

遺産が、七二〇〇万円の居宅と敷地、一〇〇〇万円の預金という平均ケースに従い、説明しよう。居宅と敷地が七二〇〇万円もするというのに違和感を覚える方があると思うが、両親が昔、数百万円で購入した宅地が、地価の高騰により、こんなに高くなっている場合に限って、紛争になっているのが現状である。

子ども三人が相続人のケースで、結婚当初から両親と同居して、二〇年間、両親の老後の世話をした長男は、両親の死亡による遺産分割について、もし家政婦を雇っていたら、月三〇万円の計算で二〇年を掛けると七〇〇〇万円を超えるとして寄与分を主張し、居宅と敷地を寄与分でもらった上、預金一〇〇〇〇万円の内四〇〇〇万円は今後の法事費用として別枠で長男が管理し、残り六〇〇〇万円を兄弟三人で分けようという。つまり、弟と妹に二〇〇〇万円ずつ与えるという主張である。その根底には、長子単独相続の考えがあるのだろう。

一方、弟と妹は、親の家にタダで二〇年も住んで、親を粗末に扱い虐待した長男夫婦には寄与分なんか一円も認めない、両親の家を長男が単独取得するなら、その代償金として、七二〇〇万円の三分の二の四八〇〇万円を支払え、支払えないなら、長男家族に親の家を出て行ってもらい、売却してお金に換え、預金と合わせて三等分せよと言う。三等分するに当たって、二〇年間の家賃相当額を遺産の先取りとして計算に入れ、長男の取り分をその分減らせとまで主張する兄弟もある。

このような紛争が家庭裁判所の遺産分割調停に上がって来る。読者は、こんな激しい対立が、一体どんな風に解決するのだろうと心配されると思う。

確かに、漫然と毎月一回調停期日を開いても、親がどんな気持で老後を暮らしたか、子どものどちらがどれだけ親孝行で、どちらがどれだけ親不孝であったか、果てしない論争が続く。毎回堂々巡りの非難合戦が繰り返され、一年も二年も何の前進もないことがある。

居宅と敷地の価格を七二〇〇万円としているが、これは実は、専門家の意見によるものである。当事者双方、価格は分からないといいながら、弟と妹は、一億円に近いのではといい、長男は五〇〇〇万円程度ではといって、双方で倍程開きがあることが多い。不動産を売却して解決する場合には、価格がいくらであるかはあまり問題ではないが、親の家を長男が単独取得し、その代償金を弟と妹に払って解決する場合には、価格の算定は極めて重要である。価格が定まらないと、解決案が具体的に出てこず、堂々巡りの非難合戦が続く。

そこで、岸和田支部では、調停の申し立てがあるとすぐ、不動産鑑定士の調停委員に価格の調査をしてもらうシステムを作った。不動産鑑定士の榎本正人さんを調停委員に任命し、現地に臨んで、時価評価をしてもらい、それを当事者に伝え、調停の前提とすることにした。これにより、分けるパイの分量が定まり、調停の進行がとても分かりやすくなった。

遺言があれば長男に有利——親の療養看護を金銭に換算

七二〇〇万円の家（敷地を含む）と一〇〇〇万円の預金を兄弟三人で分割するケースである。分かりやすく、預金は先に分けてしまうことにしよう。今後の法事費用として長男がある程度の金額を先取りできるかどうかは、弟と妹の意思次第である。嫌だといわれれば、三等分である。長男家族が両親の家に二〇年間同居していたため、賃料を支払う必要がなく、仮に月一〇万円で計算すると二四〇〇万円も助かっているのは事実である。しかし、長男家族が同居しなかったら、他人に貸して収益が上がるようなケース（賃貸マンションの一戸に長男がただで住んでいた場合）ではなく、一戸建ての親の家に同居していた場合であれば、親の財産は減っていないので、弟と妹が損をしたというわけでもなく、親の遺産分割に当たり長男の利得を計算に入れる必要はない。

さて、長男は、二〇年間両親の世話をしたから、家政婦代金月額三〇万円として七二〇〇万円の寄与があり、家を寄与分としてもらうという。長男夫婦が同居して世話をしなければ、フルタイムの家政婦を雇うなり、家を処分して、そのお金で入院しなければならない状態が二〇年間も続いたケースであれば、家が残ったのは長男夫婦が無償で両親の世話をし続けたためであるから、長男が寄与分として家をもらうというのももっともであるが、そこまでのケースは少ない。

親の世話をするため費やした時間が、二〇年間の最初の五年間は毎日一時間、次の五年間は毎日二時間、その次の五年間は毎日三時間、その次の四年間は毎日四時間、最後の一年間は毎日一〇時間というのならありそうなケースである。

私は、両親の療養看護に尽くした合計時間を大体査定し、それに一〇〇〇円を掛けて基本的寄与額の目安を立ててはどうかと考えている。右のケースなら合計二万時間くらいで、寄与分は二〇〇〇万円くらいになる。普通は一〇〇〇万円かそれ以下のケースが多い。

仮に、二〇〇〇万円と査定した場合、家の価格がまだ五二〇〇万円残るから、長男が家を単独取得するためには、弟と妹に一七〇〇万円ずつ支払わねばならない。合計三四〇〇万円を即金で用意できる人は少ないが、両親が長男に単独で相続させるとの遺言を書いてくれていたら、弟と妹の遺留分は、合計で一七〇〇万円であるから、これなら家を担保に借金できそうな金額である。

家の価格が高い場合で、両親が長男に住み続けさせたいと思うなら、遺言がないと調整が苦しい。もっとも、弟と妹があくまで即金を要求しながら、長男が借金するしかないことを知っている場合は、売却しても税金等で手取金額は六割位に止まることから、三四〇〇万円の六割の二〇〇〇万円くらいで良いと譲歩してくれる場合が多い。

長男がどうしても単独取得したい場合は、何とか二〇〇〇万円を調達してくる。しかし、長男の経済状態で、お金を借りても月々のローンが払えないということもある。その場合はどうするか。

遺産分割、強く望む傾向――住宅ローン一〇〇〇万円以上の遺族

七二〇〇万円の家について、長男の寄与分二〇〇〇万円を引いた五二〇〇万円を三等分すると、一人約一七〇〇万円である。不動産に対する権利でいうと、長男が寄与分と合わせて五二％、弟と妹が二四％ずつである。古い建物は長男が取得するとしてその価格が若干あるので、土地に対しての権利の割合は、長男が五〇％、弟と妹が二五％ずつであろう。

長男が弟と妹の権利を買い取る資力がある場合は、その方向で解決することが多いが、長男に資力がない場合や、弟や妹が両親の土地を一部でも是非取得したいと希望するときは、まず現物分割を検討することになる。

弟と妹が二人で共同して土地の五〇％を取得したいという場合、住宅地で、その土地の道路に面した間口が二〇メートル、奥行きが一〇メートルで、向かって右半分に家が建っていて、左半分は庭だったりすると、話は簡単である。左半分を切り取って、弟と妹に与えれば大体半々になるからである。しかし、土地を右と左に二つに分けると、単価が異なって来る場合がある。右は商店街に面し、左はそうでないというような場合である。

その場合は、不動産鑑定士調停委員の榎本さんに、左右の土地の単価を査定してもらうことになる。そして価格にして大体半々になる線を探すことになるが、既存建物の関係で、ぴったりの線が引けないときは、過不足を金銭で調整することになる。

弟か妹が、共同取得した土地に家を新築して住むという場合もあれば、空き地として管理を続ける場合もあり、早々に売却して換金し、折半する場合もある。早期売却はそれぞれが抱えている住宅ローンの支払に当てる場合が多いらしい。逆にいうと、一〇〇〇万円を超える住宅ローンを抱えている当事者が必死になって遺産分割に取り組む傾向が強いという。

土地を現物で分けることができない場合もある。敷地の中央に建物が建っているとか、間口が狭く、裏表の二つに分けると裏が袋地になってしまうとかいろいろな場合がある。現物で分けられない場合は、他人に売却するか、兄弟三人で共有にするかしかない。

弟と妹が急いでお金が欲しい場合は、他人に売却する方向になる。それも、裁判所で競売する手続と兄弟三人で協力して買い主を探す任意売却の手続がある。任意売却の方が金銭的には有利だとしても、三人が協力的でないと、任意売却の手続は選べず、競売になる。

弟と妹が、お金を急がない場合は、長男が建物を単独取得し、敷地は、長男が五〇％、弟と妹が二五％ずつの共有になる。長男は建物所有のため、敷地に対する弟と妹の共有持分も使用することになる。弟と妹は、長男にただで使用させて構わないという場合もあるが、持分使用の対価すなわち賃料を払ってほしいと希望する場合もあり、弟と妹で意見が分かれる場合もある。いずれにせよ、賃料の適正額の算定は、また不動産鑑定士調停委員の榎本さんに頼むことになる。

調停委員が事前に面接——遺産紛争解決へ三つのサービス

遺産分割の調停は、漫然と期日を重ねても、堂々巡りの悪口合戦になりがちで、そのうちに、憎い相手の打倒を生き甲斐にしたい人も出て、こんな欲張りが頑張っている限り解決はないとあきれられ、その人の死を待とうという意見さえあるが、私は、当事者をそんな方向に仕向けないシステムを考案したいと考えた。

遺産分割の紛争は、実際には、平均八二〇〇万円もの遺産をめぐって、調停にまでなる。皆宝くじ並みのお金が手に入るのだから、当事者が主役として、穏やかにニコニコと話し合った上でそこそこ合意に至ってほしいと思った。家庭裁判所側からのサービスの一つとして、まず不動産鑑定士を調停委員に採用した。岸和田の不動産鑑定士榎本正人さんと、とことん話し合って、年間一五〇時間、一週平均では三時間くらいの働きを約束してもらった。

遺産分割の申し立てがあるとすぐに榎本委員に現地調査に基づく価格の査定をお願いする。査定の結果は、調停担当の委員を通じ、当事者に知らせる。当事者は、それにより各自の希望を具体化して述べてくれる。

サービスの二つ目として、当事者が調停で話し合うための準備作業として、調停担当の委員二名に当事者双方と事前面接をしてもらうこととした。担当の委員は、現地も検分しながら、双方と面接し、双方の言い分を洗いざらい聞き出す。お互いの悪口も徹底的に聞かされるそうである。単なる悪口は担当調停委員が腹の中にしまってしまい、私らは聞かないが、悪口をたっぷり聞いた日、食事が口に入らないそうである。

担当の委員は、申立人側からも、相手方側からも二回くらい事情聴取する。この作業は三ヵ月くらいも掛かるが、当事者は全部吐き出してくれるそうである。

サービスの三つ目として、担当委員から報告を受けながら、弁護士委員一名と私と合計四人で、調停案を作成する。そして、第一回調停期日に私が当事者双方一緒の席で、その調停案を説明する。私は、取りあえず、この案を中心において、話し合いを始めるよう依頼する。話し合いの方法は原則として当事者双方同席、調停回数は三回くらい、期間は三、四ヵ月くらいを目途としてほしいと告げる。

以後、担当委員二人が中心になって調停を行い、不動産鑑定士委員や、弁護士委員や私は何時でも援助する態勢を整えているが、出番はあまり多くなく、実情は、申し立ての日から普通で七ヵ月余りで解決する。当事者双方とも調停案はまずまずだからこれで解決したいと言ってくれるのが約七〇％、残り三〇％は、一方が他方に多少の修正をお願いしたいと言い、他方が応じて修正される。修正額は三〇〇万円足らずであるから、遺産総額八二〇〇万円からすれば、わずかである。

当事者は、調停の主役として、ニコニコとまではなかなかいかないかも知れないが穏やかに話し合い、合意が出来た瞬間は、本当にニコニコらしい。当事者はあきれた欲張り達では決してなく、これまでの家裁のシステムが適切でなかったのであろう。

裁判官、弁護士たちの悩み――恐る恐る、率直に

裁判官の悩みといえば、転勤とこれによる家族ぐるみの引っ越しがまずあげられる。私の場合でも、二七歳で大阪地裁判事補として出発して以来、延岡（宮崎）、前橋、大阪、大洲（愛媛）、津山（岡山）、福岡、岸和田（大阪）、神戸と八回転勤し、七回も引っ越している。

私の世代は、こういう全国規模の転勤をやむを得ないことと受け止めていて、当然のように家族を引き連れて転勤していたが、段々家族の理解が難しくなってきたとみえ、単身赴任の裁判官が増えてきた。裁判官だけに限ったことではないが、全国規模の転勤制度が今後とも維持できるか、維持すべきかが問われている。

裁判官らの悩みに関連して、経済人の立場から司法改革を訴えている宮内義彦オリックス社長の発言（日経新聞一九九八年二月一五日朝刊）を引用すると、「（裁判官は）社会から隔離される日常生活を強いられている」、「（裁判官は）経済行為についてびっくりするほど無知で、社会人としての常識をわきまえて（いない）」、「最高裁の顔色を見ながら、ものも言えないという裁判所の体質（があり）、休みの日にテニスをするぐらいの時間がほしいという話をするのでさえ、あの裁判官はこんなことを言っているということが明らかになっては困る世界（である）」、「最高裁（も）、立法・行政を監視するという重要な役割から逃げまくっている。（例えば）一票の格差の判決だ」、「弁護士会が法曹人口の増員に反対するなら、社会に対する責任を負うつもりがあるのかと聞きたい」、「司法改革を進めるために（は）、司法はどうあるべきか（の）基本論を、法曹関係者を排除して、利用者である国民中心に議論すべき（である）」などとまことに手厳しい。

反論したい点もあるが、裁判官や弁護士など法曹関係者にとって、悩みの根源部分ないしそれに関連する諸問題が指摘されていることは認めざるをえない。

司法改革の議論から法曹関係者が排除されないよう、裁判官の悩みを恐る恐るながら、なるべく率直に書いてみたい。

担当事件――転勤を機に〝一変〟

裁判官の悩みの一つに、転勤を機会に、担当事件の種類が一変するということがある。私は、民事や家事紛争を何となく鬱陶しく思っていて、大学生のときも刑事訴訟法のゼミを選んだし、初任判事補としての配属が大阪地裁刑事部だったこともあり、なんとなく、六五歳の定年までの向こう三八年間、できるだけ刑事裁判を担当し続けたいと念願していた。

事実、一〇年前、福岡家裁本庁に転勤するまでの約二〇年間、民事裁判などと兼務の時期もあるが、ほぼ一貫して刑事裁判を担当してきた。だから、買いそろえる本も刑事関係の本だけ。これが二〇年分もたまると半端な量ではなくなり、本棚にびっしり並べると何メートルにもなる。また、買わないまでも、法律雑誌の論文も読むのは刑事関係だけ、何となく残りの一八年間も刑事裁判を担当するものと思い込んでいた。

裁判官の転勤の打診は、勤務裁判所を特定せず、任地だけを示して行われることがある。だから、福岡への転勤を承諾したとき、福岡高等裁判所か地方裁判所で刑事裁判を担当できるものと早合点した。しかし、福岡転勤が決まった後、示された勤務先は福岡家庭裁判所であり、部署は家事部であった。当分刑事裁判と離れてしまうことになり、「アレー」と思ったが致し方ない。転勤制度と任地における人的配置の都合で、こういうことが時々あることは承知していた。

内心腰掛けのつもりで家事調停や家事審判の事件を担当し始めた。相変わらず、刑事関係の本だけを買い、勤務時間外は、刑事関係の論文だけを読んでいた。

ところが、一年たったころから、家事調停に猛烈な興味を覚え始めた。家事調停は、裁判官と調停委員二人がチームを組んで調停委員会として機能し、夫婦関係の紛争や遺産分割の紛争などについて、当事者の合意による解決を図るシステムである。夫婦関係調停の成立率は四〇％台、遺産分割調停の成立までには一年半近くかかっていた。

夫婦関係調停の成立率が低く、遺産分割調停の時間がかかり過ぎるのは、裁判官があまりその役割を果たしていないのではないかと考えた。そして、多大な時間と労力を投入してみたが、注いだエネルギーの割には成果が上がらず、いささかむきになって家事調停の機能アップの研究に取り組み始めた。

刑事裁判の担当はもう断念し、気が向けばいつでも「ごみ」に出せるよう、その関係の本を全部段ボール箱にしまい込み、調停・和解その他のいわゆるＡＤＲ（判決・決定以外の民事・家事紛争処理システム）の関係の本を買い求め始めた。以来一〇年経過し、本棚にはびっしりその関係の本が並び、私のライフワークはこれで「決まり」と思っていた。

しかし、昨年、岸和田支部から神戸家庭裁判所に転勤したら、少年事件を担当する回り合わせになった。腰掛けの積もりでいたが、一年たったら、今度は少年事件にも、猛烈な興味を覚え始めた。一体どうなることやら。

働けど、働けど「仕事地獄」――裁判官増員に理解を

最近法律雑誌に載ったある裁判官の回顧録にこんな記載がある。その裁判官が先輩のお宅にうかがった際、奥さんから聞いた話である。「主人は当時は忙しくて、役所から帰ってきて着物を着替えてからは、便所へ行ったり顔を洗ったりするとき以外は、ずっとこの（和室の部屋の真ん中に置かれた）炬燵の前に座ったままで、食事もここでとり、休む間もなく記録を前に置いて読み続け、夜遅く眠くなったらそのまま横になって眠り、覚めたらまた仕事を続けるという具合で、ゆっくり帯を解いて寝巻に着替えて布団で休んだことは稀でした」。

これは、四〇年くらい前の話で、今では、和服姿で和室で仕事する裁判官は少ないと思うが、和服を洋服に、和室を洋室に変えただけの似たような話は、私の周囲にもザラにある。つまり、「働けど、働けど、なお我が仕事楽にならざり、じっと手を見る」ということで、裁判官の手元には毎日せっせと新しい事件が入って来る。仕事の重圧である。そして裁判官の仕事の性質上、だれも助けてくれないから、せっせと判決なり決定なりを書かないと仕方がないのである。私も今は余裕たっぷりであるが、前任地の大阪家裁岸和田支部のころは、この蟻地獄のような状態に何回も落ち込みそうになった。

同僚裁判官の中には、気の毒に、この数年間仕事地獄にはまりっぱなしの人もいる。真面目に良心的に仕事に取り組んでいるという点で、美談には違いないが、同僚として端から見ていると心配でならない。仕事地獄に陥ると、世の中の動きに全く無関心になり、新聞・テレビに見向きもせず、コーヒーに砂糖と塩を間違えて入れても気がつかず、いつも頭の中は事件のことばかり考えている。半ば冗談であるが、レジを通るのも忘れる心配があるので、家人はこういう状態の裁判官には決して買い物を頼まないそうだ。こういうときに限って、限界的なケースが幾つも重なり、裁判官の頭の中で、民事であれば原告が勝ったり、被告が勝ったり、刑事であれば、実刑になったり執行猶予が付いたり、結論も理由もくるくる変わり、悩み抜き、年中休みなく記録を抱えてのたうちまわるのである。

世の中に紛争があるから法律家という仕事があり、法律家の中で判断者としての裁判官という職業を選んだのだから、紛争が絶えないことをのろったり、紛争の当事者を憎んだりするのは、俗にいう「逆恨み」である。デパートの店員の目に、お客さまが皆「スリ」か「万引」に見え始めたら、その店員はサービス業につく者としては落第である。いくら多忙でも、医者が患者を憎いと思ったら、患者は心配でたまるまい。裁判官が自分の担当事件の存在をのろい、その当事者を憎いと思い始めたら、やはり失格であろう。そういう理屈は百も分かりながら、仕事地獄に陥ると、時々そういう気分になりかかる。その気持ちが分かるだけに、仕事地獄の同僚を見ていると大変怖い。事件増に応じた裁判官の増員に世間のご理解を得たいものである。

裁判官、判決宣告の裏側——当事者を前に「緊張」

裁判の審理は、原則として、公開の法廷で行われる。テレビのニュースで見て知っておられると思うが、傍聴席から見て裁判官は正面の壇の上にいる。壇の下の左側に原告（刑事では検察官）席が、右側に被告席がある。証言台は法廷の中央にある。裁判官席、原告席、被告席、証言台はそれぞれ数メートル離れている。そこで、普通に話していてはお互いに聞こえ難いので、皆少し声を張り上げることになる。法廷は、一種の舞台であって、裁判官も結構緊張し疲れるのである。

裁判官がマスコミにテレビ撮影を許可しているが、今は開廷宣言前に限っているため、だれも皆無言である。裁判官も一言もしゃべらない。顔なじみの裁判官が多く、テレビで元気な姿が見れる（時には徹夜で判決を書いていたのか、やつれた顔が映り心配することもある）のはありがたいが、同僚としてではなく、視聴者一般の立場からすると、一言もしゃべらない裁判官というのは、何か不気味で異様な感じがする。開廷宣言の部分とか、判決主文の朗読部分とか、何か裁判官がしゃべっている部分も撮影許可するように改めた方がよい。その方が視聴者としてはるかに親しみやすい。

壇の上に黒いコート（法服という）を着て座り、皆に見られている中で、判決を宣告するのは結構勇気がいるものである。逮捕状とか、罰金の略式命令とか、本人もだれもいない席で書類に

「はんこ」を押せば済む裁判は、随分気が楽だ。だからと言っていい加減な裁判をしているわけではもちろんないが、法廷で、不利益を受ける当事者に面と向かって宣告する場合は、結論と理由に確信ができるまで本当に悩み抜く。緊張の程度が大変違うという意味である。裁判公開の持つ意味は、裁判官にとって相当重いのである。

民事の判決は、判決書が完成してから、法廷で主文だけ言い渡すので、迷ったり悩んだりしているのは、宣告より何日も前のことである。法廷での審理を終え、原告勝訴と判断して判決を書いていて、なぜか行き詰まることがある。原告を勝たせる理由が途中でつかえて進まない。思いきって被告を勝たせる判決に切り替えると案外最後までスラスラ筆が運ぶ。しかし、こういう場合は予定外の時間を食うので、徹夜になったりする。民事裁判で、こういう起案中の結論逆転の経験を全く持たない裁判官はいないのではないかと思う。もっとも、何年に一回かのことであるが。

刑事の判決は、判決書は完成していなくても良いが、主文の他に理由も述べなければならないので、結論と理由について、余程腹が固まらないと宣告ができない。判決宣告期日の開廷寸前まで、実刑か執行猶予か、実刑の場合刑期をどうするか迷うことがある。迷ったままでは宣告できないので、宣告期日を延期することになる。野村二郎著『日本の裁判官』(講談社現代新書)には、高額の脱税事件で、裁判官が刑期を一年一〇ヵ月にするか一年八ヵ月にするか、ギリギリまで悩んだケースが紹介されている。結局懲役一年八ヵ月の方を選択したのは、被告人の子どもが中学に入学する春には刑期を終えて出所できるよう配慮することにしたとのことである。

実刑か執行猶予か――苦しむ「限界」の判断

刑事裁判官の最大の悩みの一つは、実刑か執行猶予か、限界ケースにおける判断である。それが絶対に正しいかどうかはともかく、量刑には相場というものがあって、当然実刑、当然執行猶予という場合は気が楽であるが、一〇〇人の裁判官が五〇人実刑、五〇人執行猶予に分かれそうな限界ケースではとことん苦しむ。

裁判官になって八年目くらいのころ、覚せい剤の自己使用の二回目のケースがあった。一回目で懲役六ヵ月、執行猶予三年になって、まだ二年しかたっていないのに、また覚せい剤の自己使用で捕まった。小売店を経営する三〇歳ぐらいの男性で、友達から買って、妻には内証で注射したという。今度の分で実刑になれば、前の執行猶予も取り消され、合わせて一年以上刑務所に入ることになる。

前の事件の後結婚した妻が情状証人に立ち、「夫がいないと店を閉めるしかない。今後は自分も目を離さず十分監督するので、もう一度執行猶予をつけてほしい」と泣き声で訴えたが、もう一つ迫力を感じなかった。明日判決という前の日の夕方、再度の執行猶予をつけるかどうか、気持ちが定まらず、向こうはどうしているかと思って、地図で探して商店街の端の方にある店を見に行った。店を閉めているのではないかと思ったが、幸い開いていて、お客もいた。遠くから見ていると、法廷ではガチガチになって証言していた妻が、お客に満面の笑みをたたえて商品の包みを手渡していた。隣で仕事している夫とも、何かニコニコと話を交わしていた。実刑判決にすると、明日からこのシーンはなくなるということを痛いほど感じた。妻には夫を導く力量がありそうだ。執行猶予にしようと腹が決まった。次の日、夫は、実刑・収監に備えて身の回り品のふろしき包みを抱えて出廷したが、執行猶予を聞いて、妻と二人、小踊りしながら法廷から出て行った後ろ姿が今も目に残る。前の日、店を閉めていたら実刑にしていたかもしれないなと思いながら、私も法廷を後にした。

同じころ交通死亡事故のケースで、判決宣告期日の開廷寸前まで、実刑か執行猶予か迷い、被告人の顔を見て決めようと思い、実刑の判決と執行猶予の判決と二つ書いて持って法廷に入ったが、結局決断することができず、宣告期日を一回延期した上、実刑にしたことがある。被告人本人が、過失とはいえ人を「殺した」ことにめいっていて、心の区切りのため、実刑になりたがっていたケースであった。従って、実刑判決は確定したが、心が残った。これには後日談があって、当時の勤務地には京大出身の裁判官と検察官が各二人、弁護士が五人くらいいて、年に一回同窓会が行われていた。酒の席で後輩にあたる立会検事から、あのケースで裁判官は迷いに迷っていたようだが、検察官としては執行猶予で構わないと思っていたと打ち明けられて、ガックリしたことを鮮明に覚えている。執行猶予にして、交通事故の被害者救済の運動に貢献させる方法もあったかもしれないと、いまだに悔いが残る。

一番辛い「間違った判決」——市民感覚磨かねば

裁判官として、一番辛いことは、下した判決が誤っているという理由で、上の裁判所で覆されることである。ある覚せい剤の譲渡三件の事件で、被告人が、捜査段階の自供を翻し、うち一件は自分はしていないと主張したため、半年がかりで証人調べを行い、その一件も被告人が譲渡したものと確信を持って認定し、全部有罪の判決を出した。しかるに高等裁判所は、その一件は、被告人以外の第三者が行った可能性があると判断して、私の判決を破棄して一部無罪にした。裁判官になって一〇年目のころで、以後も刑事裁判を続けたいと思っていただけに、大変なショックだった。

その事件は、通常の市民の常識・良識に基づき、証拠を総合して被告人以外の第三者が行った可能性があると見るか見ないかだけが問題のケースであったから、私は社会人として一人前の常識もないと宣告されたような気がした。

私は、ぼうぜんとして、それから毎日、公刊されている無罪判決を読み始めた。結局全部を読み終わるまで二年間もかかったが、勉強の成果は、自分なりの簡単な「法則」を見つけたことだった。きわどい事件というのは、有罪ではないかとの立場から見れば格別の障害もなさそうに見えるが、無罪ではないかとの立場から見れば、疑いが幾つも見えてくるという微妙な問題を抱えていると思った。見る方向によって、物が見えたり見えなかったりするのである。私が判決を間違えたのは、事実を見る目が非常識であったからというよりは、そのケースで、無罪ではないかとの立場からも見ることを怠ったためであろうと思われた。と同時に、事実を見る目というのは、通常の市民の常識によるのであるから、市民感覚を磨く必要のあることもしみじみ思った。しかし、これは意外に難問であったが、この点は後日にまた書きたい。

話は変わるが、裁判官になりたてのころは、刑事事件の記録が面白くてたまらなかった。事実は小説より奇なりといわれているのは本当だと思った。いつも手元から記録を離さず、しがみつくように読みあさっていた。自宅に持ちかえって、夜中に布団の中でまで読んでいた。しかし、一通りあらゆる種類の犯罪事件にあたってみると、犯罪というその被告人の一生の中でも特異な部分のみを法律に当てはめて浮き彫りにしたストーリーだけでは物足りなくなってきた。警察や検察庁での供述調書のストーリーは、被告人が犯行を決意したあたりから始まる。その背景は、簡単にさっと触れられるにとどまる。そのため被告人の調書をいくら読んでも、被告人の丸ごとの人間が見えないのである。

この点、少年事件の場合は、家庭裁判所調査官が、少年が生まれたときにさかのぼって、素質・経歴・環境・人格などを本当に詳しく調べてくれるので、その報告書を読むと、審判廷で会う前から、親しみを感じる。まるでその少年のことを小さいときから知っているような気になる。家庭裁判所調査官とはどんな風な人なのかは、藤川洋子著『わたしは家裁調査官』（日本評論社）を、ぜひお読みいただきたい。家裁調査官が少年を見る目の余りの優しさに驚かれるであろう。実は私もこの本を読んで初めて家裁調査官のことが良く分かった。

被告人との対話——人間が見えない法廷

刑事裁判では、被告人の丸ごとの人間が見えないのが辛いといった。調書の不足を補うため、法廷で話を聞くことはできないのかと問われるかもしれない。たしかに、時間の制約は別として、法廷で話し合うことはできる。

実際にも、被告人質問といって、裁判官らが被告人に質問して答えてもらう機会もある。また、被告人が意見を述べる機会もある。しかし、距離が遠い。裁判官は法壇の上に座っている。被告人は壇の下の証言台に立つ。目の高さはほぼ同じだが、両者の距離は三〜五メートルもある。法廷は傍聴席がある関係で、どうしても「舞台」にならざるを得ない。そうすると、裁判官と被告人の距離はどうしても遠くなり、よそよそしくなる。法廷では、場面として対話が成立し難く、お互いにではあるが、人間が見え難い。

「目は口ほどに物を言い」というが、対話のための距離は、一メートルから一メートル半くらいが適当である。それくらいだと、お互いの目が見える。お互いの目の中の光が見える。実際少年審判では、それくらいの距離で裁判官と少年が話し合うことができる。こちらの人間性もさらけ出すことになるが、お互いの息遣いやわずかな表情の変化も分かる。話し合いが成り立つのである。

なお、現に少年事件を担当する者としての最大の悩みは、少年院出院者に対する社会の理解や援助がほとんどないことである。

人間を植物に例えて申し訳ないが、普通の少年を鉛筆大のしっかりした苗木とすれば、少年院に送る少年は、モヤシのように細く短く、人手をかけて養生させなければ倒れてしまいそうに弱々しい。しかし、少年院で懸命な手当てを受けて、モヤシは皆相当しっかりした苗木に成長する。少年たちは退院間際に裁判官に手紙をくれるが、その成長ぶりは、担当裁判官としても驚く。移植する場に恵まれさえすれば、間違いなく社会人として一人前になると期待に胸が膨らむ。しかし、そういう少年たちに就職の手を差し伸べてくれる企業はないに等しい。

裁判官としてお願いしたいのは、企業の社会貢献の一環として、積極的に少年を採用してもらえないかということである。心ある人は、少年院を訪れ、少年たちに会ってみてほしい。

刑事裁判では被告人が見えにくいと語ったが、ましてや、犯罪の被害者の姿はなお見えにくい。殺人事件の遺族の調書は数え切れないほど読んだが、皆紋切り型で、読まなくても想像がつく。結論として、極刑（死刑）を求める人と、終身刑（実在しないが一生社会に戻さないでほしいとの意味）を求める人に分かれるが、それがどちらであれ、裁判官にとってあまり胸を打たれる言葉に出会ったためしがない。

神戸連続児童殺傷事件の被害女児、山下彩花ちゃんの母親、京子さんが河出書房新社から出版された『彩花へ「生きる力」をありがとう』を読んで、コップ一杯の涙とともに、初めて子どもを殺された母親の気持ちが肌で分かった。法律家の必読文献であると思い、周囲に勧めているが、こういうたぐいの本は読みたくないという冷酷な法律家もいて、ガックリきている。

「法曹一元」や「陪審裁判制度」、「被害者と加害者の対話」、「法廷傍聴者と裁判官の対話」、「裁判官の市民感覚」など、書き残したことは多いが、次の機会に譲りたい。

「法曹一元」実現に期待――共感が個人的努力生む

ＮＨＫテレビの土曜の昼に「生活笑百科」という人気番組がある。先週は、友達に自転車をちょっと貸したら返してくれないが、自力で取り返してきて良いかという相談と、家事を手伝ってくれているおばあちゃんが交通事故の被害にあって入院したが、入院期間中家事ができない分をお金に換算して弁償してもらえるかという相談であった。法律には素人の出演者三人が、相談に対する積極説、消極説、折衷説をいつもと同じようににぎやかにしゃべり、顧問の弁護士が、自転車の件は置き手紙をして持って帰っても良いでしょう、家事労働の逸失利益は普通一日九〇〇〇円程度認められますというような回答をしていた。

ところで、法律家はどのようにして生まれるか。平均して、大学卒業後も何年間か猛烈に勉強して司法試験に合格する。そして、二年（注　現在は一年半）の司法修習の期間を無事終わると、裁判官、検察官、弁護士などに分れて法律家として出発する。出発時点における法律家としての知識はというと、「生活笑百科」の毎回の相談程度であれば、ほぼ一〇〇％正解を即答できるレベルに達している。そして、その後立場は違っても、日常的に紛争を取り扱い、法的な吟味を行うから、経験を重ねるに連れ、法律の知識や技術はどんどん増える。しかし、それだけでは法律技術が高まるに過ぎず、自然に人格・識見がすぐれたものになって行くわけではなかろう。また、さまざまな紛争を取り扱っているとはいえ、社会全般のことに何でも通ずるようになるわけでもない。どの職業でも同じだと思うが、法律家も個人的な努力をも惜しまない姿勢が必要である。問題は、日常の仕事の中に、そういう努力を促すものがあるかどうかである。裁判官の場合、いつも多くの事件を抱えてあえいでいる。争っている人たちのうめき声を毎日聞き続けているうちに、うっかりすると人間そのものをうっとうしく思う心理状態に陥る危険がある。裁判官が人間嫌いになり、趣味の世界に心の平穏を求めるようになっても仕事は続けられるが、努力しようとの意欲は薄れるであろう。

弁護士の場合、それが加害者であれ被害者であれ、依頼者に寄り添って仕事をせざるを得ない。嫌でも密な人間的接触を持つことになる。人間が本当に嫌いになったのでは続けられない職業である。中坊公平弁護士が、「森永ヒ素入り缶ミルク」を赤ちゃんに飲ませた母親たちの嘆きの中身をつぶさに聞いて、人生観が根底から揺さぶられたと、今でも涙まじりに話をされるのは法曹界では余りにも有名なエピソードであるが、それ程ショッキングなものではないにせよ、弁護士の場合当事者から人生を教えられることが多いという。さもありなんと思う。そして他人に対する共感こそが人に不断の努力を促す。

そこで、読者のお便りの中にもあったように、弁護士などを経験してから裁判官に登用するシステムが今浮かび上がってきている。司法修習が終わると全員が弁護士（または検事）になる。そして弁護士（または検事）を相当年数経験した後、真に適した人たちを裁判官に登用しようというものである。これを法曹一元というが、運用のよろしきを得れば、裁判官の非常識という非難は激減するに至るであろう。その実現が待たれる。

「法曹一元制度」について――法律家への道、グンと短く

今、話題になりつつある「司法改革」について、私は、「法曹一元制度」に大賛成である。「法曹一元制度」とは、簡略にいうと、判事補制度をなくし、弁護士または検察官の経験を一〇年以上経た者の中から、選考の上で、裁判官を任命する制度である。

私の場合で、四〇年以上前に「法曹一元制度」ができていたらどうであったかを想像してみたい。「法曹一元制度」ができると同時に、多分大学の法学教育のシステムが変わると思う。従来の

「法学部」の上に、法律家の養成を目的とする「大学院」が作られ、いろんな学部の卒業生の中から、法律家を目指す学生が入試を受け、合格すると三年間、弁護士または検察官を養成する教育を受ける。そして、現在の司法試験とは異なる国家試験を受け、合格すると、その資格が生ずる。現在の司法試験は合格人数があらかじめ設定されているから競争試験であるが、新しい国家試験は資格試験であるから、まじめに勉強した学生はあらかた合格する。医師の養成制度と似ていると思っていただいてよい。

私のように、せっかく大学へ進めたのに、法学部の授業があまり面白くなく、大した蓄積もないまま社会に出るのが残念で、三年間も独学で受験勉強をしてようやく司法試験に合格したという経過を振り返れば、多分大学院を受験し、まじめに勉強して国家試験にも一度で通ると思う。そういう制度がなかったので、私は、五年間の法学部学生、二年間の司法試験浪人、二年間の司法修習生と、合計九年を費やして法律家になることができたが、新しいシステムだと、学生と大学院生の合計七年間で法律家になれる。

さて、検察官、弁護士のいずれにでもなれる資格が取れたとして、私はどちらの道を選ぶだろうか。検察官の仕事そのものは案外魅力的であるが、私は気が弱くて、日常的に残虐な死体を見たり、まれながら死刑の執行に立ち会ったりしなければならないのが嫌で、検察官を志望しなかったことからすると、やはり弁護士を選ぶだろう。

その場合、将来裁判官を志望するかも知れないと思ったら、弁護士が一〇名くらいいる大法律事務所を選ぶ。なぜかというと、弁護士というものは、依頼された事件の処理を通じて、大抵の依頼者と深い人間関係ができ、その事件が終了した後も、別に顧問料をもらわなくても、事実上その人の顧問のような立場になり、折に触れ相談を受けたり、その人の友人・知人の事件を紹介されたりする。そういう関係の人が一〇〇〇人いると、弁護士事務所の経営は安泰であるとのことである。そういう人々をバッサリ切り捨てて、自分だけ突然裁判官に転出するというわけにはいかない。だから、同じ事務所内に、ゆっくり時間をかけて人間関係をも引き継いでもらえる同僚弁護士が多ければ多いほどよいのである。

「法曹一元」できていたら（1）――裁判官になって改革実践

引き続き、四〇年以上前に「法曹一元制度」ができていたらという仮定の話である。二五歳で、法律家養成コースの大学院を卒業すると同時に新しい国家試験に合格した私は、大阪の「弁護士が一〇人いる大法律事務所」に就職することができた。弁護士の扱う事件の種類は、大きくは、民事、刑事、家事、少年に分かれるが、細分すると何十種類にも分けることができ、さらに、原告側と被告側に分かれる。例を挙げると、借家紛争の大家側、店子側、貸金紛争の貸主側、借り主側、犯罪等不法行為の加害者側、被害者側、離婚紛争の夫側、妻側と際限がないくらい多い。医師の場合が、資格は医療全般に及ぶものの、実際には内科とか外科とか専門分野に限って診療しているのに比べると、弁護士の場合はほとんど専門化しておらず、大抵の弁護士があらゆる種類の事件を、債権者側、債務者側どちらの立場からも扱う。

私も、弁護士になって一五年、いろんな事件をいろんな立場から懸命に取り組み、その数も五〇〇件を超えた。弁護士は、依頼者の立場に立って、その利益にかなうよう、最善の法的サービスを提供せねばならない。何しろ、依頼者からいただく報酬によつて、自身の生活が成り立っているのである。私も、良心的な仕事を続けてきた結果、勝ち負けに関係なく、ほとんどの依頼者の信頼を得ることができ、事件終了後も事実上その人の顧問をしているような関係の人々が数百人に達する。年賀状の数だけでいうと一〇〇〇人近い。年収も二〇〇〇万円を超えた。弁護士を続けていて何の不足も感じてはいなかったが、家事調停の運用の実情には不満があった。依頼を受ける家事紛争の半分は、調停や訴訟を利用するまでもなく、相手方と折衝することによって、合意解決に至る。残り半分は、調停を利用するが、その解決率は五〇％くらいで、残りはやむなく訴訟に突入する。しかし、そのほとんどは、訴訟の途中いつか、裁判官の前での「和解」で解決する。勝ち負けいずれにせよ、「判決」の確定にまで進む事件は、ほんのわずかである。訴訟中に和解ができる事件は、振り返ってみると、調停段階で同じような内容の合意ができなかったはずはないと思われるものが多い。家事調停制度がもっと機能してくれれば、時間や経費の無駄が省け、弁護士も助かるが、依頼者がどんなに助かることか。裁判所だって助かる。

そこで、家事調停制度の運用のあり方についていろいろ勉強するうちに、いっそ、家事調停を担当する裁判官になって改革を実践してみようと思い立った。広報をみると、一年先の四月に、大阪家裁岸和田支部の家事裁判官のポストの募集も載っている。そこで、私はこのポストに願書を提出し、手持ち事件や顧客を同僚弁護士に引き継ぐ準備を始めた。

このポストにも、五人の応募があり、激戦であったが、選考委員会の綿密な調査の結果、私は幸いにも一位指名を得た。かくて、私は四一歳にして、任期一〇年の裁判官のポストを得た（これは仮定の話である。実際には、その一六年間、私は司法修習生の後、裁判官として大阪、延岡支部、前橋、大阪、大洲支部に勤務していた）。

「法曹一元」できていたら（2）——冷や汗連続の裁判官選考

引き続き、以前から「法曹一元制度」ができていたらという仮定の話である。

私は、弁護士一六年の経験を経て、四一歳のとき、大阪家裁岸和田支部の家事裁判官のポストを得た。任期は一〇年、報酬は定額で、昇給もないし、転勤もない。この点は、議員が年齢・当選回数に関係なく歳費は同額であり昇給もないのと同じである。日本国の裁判官という身分を得たというよりも、あるポストを得たというイメージである。今のキャリアシステムで、初任判事補の約二四万円から判事一号の約一三五万円まで報酬月額が二〇段階に分かれ、全国を転勤しながら一段階ずつ昇給していくのとは大違いである。

この家裁岸和田支部の裁判官のポストには五人の応募があった。管内人口約八〇万人の家事紛争を担当するポストは相当の魅力があるようだ。法曹一元制度の下での裁判官任用資格は、弁護士などの経験一〇年以上である。ちょうど弁護士一〇年の応募者も、弁護士三〇年の大ベテランも、検事歴一五年の人も、二〇年目の民法の大学教授もいて、大激戦だった。

市民代表が加わっている選考委員会の調査は綿密そのもので、ほとんど裸にされたという感じである。弁護士として担当した主な事件や最近の事件はもちろん申告するわけであるが、その事件の担当裁判官はもとより、相手方の弁護士や検察官のところまで調査が及ぶ。司法修習生から判事補を志望する場合は、まじめに勉強してよい成績を取り、品行を正しくし、何事も出過ぎないように心掛けるというような対応策もイメージできるが、弁護士は依頼者の委任を受けて、相手方の弁護士や検察官と必死に闘うから、お互いの法律家としての本当の力量や人間性の底まで見え見えになってしまう。私のことを問い合わせた先の裁判官や検察官、弁護士がどのように言ってくれるか、生きた心地がしなかったが、どうやら皆さん相当高い評価をしてくれたらしい。私は大変ラッキーだった。

さて、私が裁判官を志望するようになった理由は、弁護士の立場で家庭裁判所を利用してみて、いろいろと不満があったからである。家庭裁判所に限らず、裁判所は仕事が遅い。弁護士は、依頼者から頼まれた仕事をその日のうちにできることはその日のうちに処理する。裁判所は一ヵ月くらいは待たせて平然としている。それに、裁判所の調停の手続は不透明な部分があり、公正にやってくれているのかどうかもはっきり見えない。もっとも、私が弁護士一五年の間に担当した家事調停の件数はわずか二五件に過ぎない。これに対し、岸和田支部の家事調停の件数は一年間で五〇〇件を下らない。だから私の不満が正しいかどうかは自信がなかったが、私なりの家事調停改革論を書いて選考委員会に提出した。

手続の最終段階で、私は選考委員会に呼ばれて、朝から途中昼食休憩をはさんで夕方まで、各委員から質問責めにあった。一番長い時間、最も熱心に質問した委員は、市民代表の数名の委員である。彼や彼女の質問は、私の法律家としての力量を見定めようというものではなく、法律家うんぬんという以前の人間性を問う類のものであった。それはひと言でいえば、当事者のことを心から大切に思っているかどうかを問うものであった。私は冷や汗の連続であったが、選考委員会が私を一位に指名してくれたことを聞いたとき、市民が私を選んでくれたと実感し、感謝の気持ちでいっぱいになった。

「法曹一元」できていたら（3）――一〇年かけて新「調停法」

引き続き、以前から「法曹一元制度」ができていたらという仮定の話である。

私は、弁護士一六年の経験を経て、四一歳のとき、大阪家裁岸和田支部の家事裁判官のポストを得た。その際、選考委員会に説明した私なりの家事調停改革論の中心は次のような内容だった。

弁護士が家事調停を利用するのは、相手方と交渉ができない場合である。だから調停委員の介在のもとで、相手方と対面し、そのニーズを聞き取り、こちらの依頼者のニーズと照らし合わせながら解決案を探りたいと思う。要するに、相手方と話し合いたいと思って、調停という公の場に事件を持ち出すのである。しかるに、調停委員は普通相手方と会わせてくれない。こちらの言い分は調停委員が聞いて先方に伝えるという。先方の言い分も調停委員が聞いてこちらに伝えてくれるという。仕方なしにお任せすることになるが、こちらの言い分をどれだけ理解してくれたか、先方にどのように伝えてくれたか不安でいっぱいである。また、先方の言い分として聞かされるものも、それが本当に先方の真意なのか、なにしろ直接質問し確認できないので、もどかしい。調停委員が脚色していないかも心配だ。

そして、双方の言い分など全情報を確実に握っているのは調停委員だけという状態で、解決案が作られ、それを基に説得を受けるが、こちらがＯＫなら先方がＮＯで、その反対もあり、結局半分くらいしか合意に至らない。調停段階で半分も解決すれば上出来だ、残りは訴訟でやればよいと思われるかも知れないが、訴訟するのは当事者にとっては大変な負担である。時間もかかるし、〝たたき合い〟の大喧嘩になり非常に傷つく。しかし、訴訟手続には良い点もある。そこでは、双方の言い分など全情報が完全に当事者間に共有されるので、やり取りを重ねるうちに、紛争が客観的に見えてくる。そのイメージは調停段階のそれとだいぶ違う。その結果、当事者間の交渉が再開され、ほとんどは判決ではなく、和解で終了する。その和解条項を見るに付け、何でこの解決が調停段階で発見できなかったのだろうかといつも残念に思う。

調停委員は、当事者間の情報をコントロールし、自分だけが全情報を握って解決案を作り、それを示して当事者を説得しようとの考え方をやめてほしい。調停委員の役割について、当事者が情報を共有しながら自主的な解決案を探り自己の判断で決定をするという、当事者主役の透明で公正な自己決定手続を援助することであるというように考えを改めてほしい。

ただし、それで行き詰まったら、当事者の方から、調停委員と裁判官が評議して調停案を出してくれるよう求めるので、その際には、その時点までの全経過を踏まえて、適切な解決案を示してほしい。当事者の方は、普通訴訟までしたいとは思っていないので、基本的に調停委員会の提案を受け入れ、わずかな修正でほとんど全部調停成立に至るであろう。

さて、大阪家裁岸和田支部の裁判官に就任した私は、アンケートなどで調停当事者の意見を吸い上げながら、一〇年かけて、当事者双方の同席を中心とする新しい画期的な調停システムを練り上げて行った。それが他庁の家事調停や民事調停の実務を刺激し、各地で多種多様な改革が試みられ、わが国の調停制度は全体として大きく前進した。

「法曹一元」できていたら（4）——アンケート回答楽しみに

法曹一元制度の下で、私は大阪家裁岸和田支部の裁判官を任期いっぱいの一〇年間務めて五〇歳になった（これは仮定の話で、実際には私はキャリアの裁判官として、その一〇年間、大洲支部、津山支部、福岡家裁に勤務していた）。

法曹一元制度の下の裁判官は、選考時に、利用者に親切で分かりやすく、利用者のニーズにこたえる裁判運営を行う意志があるかどうかについて、市民代表の選考委員らから厳しい質問責めにあい、冷や汗をかくのであるが、実際に裁判官になってからは、利用者から絶えず注文を受け、また評価を受ける。

例えば、調停の当事者に対して、アンケートが行われ、親切で分かりやすくニーズにこたえているかに関して、多数の質問がなされる。それらアンケートの回答は裁判官選考委員会に送られ、委員会は、それらを集約して毎月当該裁判官に送ってくる。

岸和田支部の家事調停の年間件数は五〇〇件以上あるから、一〇年で五〇〇〇件、当事者の数にして一万人以上になる。

アンケートの回収率は普通あまり高くないものらしいが、調停当事者からの回収率はびっくりする程高く、また熱心に回答してくれているのには感心した。キャリアシステムの下では、裁判や調停に対する利用者サイドのアンケートはほとんど行われていない。やって見ても、結果に不満な一部の人だけが主に回答し、有益なデータは得られないだろうとの懸念からだとすれば、これは完全な見込み違いのようだ。調停を利用する当事者のニーズの関連で、調停の時間については、一回の時間は二時間半から三時間は用意してほしい、二時間以内では一番肝心なところで中途半端に終わってしまうとの要望が繰り返しアンケートに表れた。また、調停が何回か続く場合、次回の調停期日は一ヵ月先ではなく、二週間先にしてほしい、課題を検討し考えをまとめるには二週間で十分で、一ヵ月先だと非常にもどかしくストレスがたまりっぱなしになるとの意見も度々登場した。さらに、調停は、三ないし四回として、開始から大体二ヵ月くらいで解決するような段取りにしてほしい、そのため時には夜間や休日にも調停が行えるようにしてほしいとの要望も強いことがはっきりした。

当事者の不満や要望は、調停の時間・期間・場所に限らずその他何一〇項目にも及ぶのであるが、それらの当事者のニーズにこたえるように次々と対策を講じていくと、当然のことながら不満の回答は目に見えて減り、満足度が上昇していく様子がアンケートの回答からはっきりうかがえる。市民との間に対話ができている、市民の負託にこたえているという満足感がたっぷり味わえる。選考委員会から届く毎月のアンケート結果が楽しみになる。

一〇年の任期が終わるころ、当事者や弁護士の評判は上々で、どこかのポストに応募すれば、競争者を押しのけ、裁判官として再任される可能性は高かったが、私は裁判官を続けたい希望はなく、元の弁護士事務所に戻った。事務所の弁護士は一〇人から一五人に増えていたが、現場復帰した私を温かく迎えてくれた。というより、事務所に依頼のある家事紛争事件は皆私に押しつけようと思って、私が帰ってくるのを首を長くして待っていたのだ。

誤解まみれの少年法制——「参審制」導入で理解を

今回も仮定の話である。

家裁判事一〇年の任期を終わり、弁護士に戻った。事務所は、「専門家」になって帰ってきたと歓迎し、家裁の事件を皆私に回すようになった。家裁というだけで、少年事件まで、たくさん私に回ってきた。そのうち少年法制について、ある問題を感じるようになった。そこで、弁護士に戻って五年たった五五歳のころ、また裁判官（少年）を志望するようになり、ポストを探したら神戸家裁の少年事件のポストが募集されていた。応募者は数人いたが、幸運にも一位指名を受け、神戸家裁の少年担当裁判官に就任した。任期は一〇年、報酬は固定制で昇給なし、転勤もなしの条件である。

弁護士として感じたある問題とは、次のようなことである。三人組が悪質な「ひったくり」を一〇件連続して行い逮捕されたとしよう。大人であれば、実名も報道され、公判で、例えば懲役一年とかに処せられたりする。法廷の審理は公開されているから、関心のある人は傍聴できる。刑務所に入ってから先は見えなくなるが、刑の宣告までの部分は社会に開かれている。しかし、その三人組が中学を卒業したばかりの子どもであれば、報道も匿名で、世間から見れば一切は闇の中である。そのため、少年法制ほど誤解まみれの社会システムも珍しい。

実は、事件が家庭裁判所に送られると、少年鑑別所の専門官や家庭裁判所の調査官が、少年の性格や人生観に関する問題点や親の指導がうまく働いていない原因などを調査し、それらを改善する方策として、何らかの措置を適切と判断する処遇意見を裁判官に提出する。処遇としては、親元へ返す保護観察と施設に収容する少年院送致が中心である。やったことは同一でも、ある子は保護観察、別の子は少年院送致というように分かれることが多い。刑罰ではなく、再犯をさせないための教育だから、必要に応じて処遇が分かれるのは当然である。裁判官は、専門家の意見を理解した上で、審判の席上、少年本人とその親に面接し、弁護士が付いているときはその意見も聞いて、処遇を決定する。その後実際に少年に対する教育が始まるが、保護観察、少年院送致のいずれを問わず、成績はとても良い。ほとんどの子どもが、それ限りで非行と縁が切れる。わが国では、非行少年に対する処遇の選択も、その後の教育も適切になされてきていて、そのため成人の犯罪も諸外国に比べて少なく、わが国は今でも世界に冠たる安全な国である。

しかし、それらのことは世間にほとんど理解されていない。少年院は、豊富な専門教員を備えた「全寮制の高等学校」をイメージしていただいても大きな誤りではないが、出院生を積極的に採用してくれる企業はないに等しい。少年事件にかかわる者として、これでは大変困るのである。

少年法制に対する世間の理解を深める一番良い方法は、調停に民間から調停委員が加わって成果を得ているのと同じように、少年審判に民間から選ばれた市民（参審員と呼ぶ）に参加してもらうことではないかと考えた。参審員のイメージは調停委員そっくりでよい。中年から老年の男女各一人で、少年から見ると、両親・祖父母の世代の人たちだ。参審員の実態は、市民代表の裁判官である。記録を読んで理解し、職業裁判官と並んで審判官席に座り、少年らの陳述・意見を直接聞き、いったん部屋に帰って三人で合議して、少年に対する処遇を決める。決定後は、その少年の動向に関心を持ち、随時保護観察所や少年院に出向き、その成績を視察する。また、関係機関との協議にも、職業裁判官と一緒に参加する。外国に実在するこの「参審制」をわが国でも設けることができないか。そういう問題意識を持って、裁判官に応募した。

「法曹一元」できていたら（5）――弁護士から裁判官転身しやすい

法曹一元制度が以前からあったとして、弁護士一六年の後、大阪家裁岸和田支部の家事裁判官に任官して一〇年間勤務し、その後弁護士に戻って五年後、また神戸家裁の少年裁判官に任官して一〇年の予定で勤務していると仮定してお話している。実際には、私は弁護士の経験はなく（従って弁護士についての記述は知識としてのそれである）、最初からキャリアの裁判官になって、以来全国を転勤しながら三三年目になり、現在神戸家裁の少年裁判官として勤務している。キャリアシステム下の裁判官像は現実のもの、法曹一元システム下の裁判官像は仮想のもの、という違いはあるが、双方を比較してみたい。

先ず弁護士だけの経験で、法曹一元下の裁判官に任命されて本当に裁判官の仕事ができるのかという点である。実は、事実を確認し、それに法律を当てはめて価値判断を行うという作業は、全法律家に共通する仕事であって、弁護士も裁判官も（検察官も）全く同じことである。しかし、裁判官より弁護士の方が、そういう作業を行う局面が広い。

民事紛争の開始から終了までの経過を、「野球は九回」に例えてみよう。一回から四回までは当事者間の自主交渉の期間である。弁護士はもちろんこの部分でも依頼を受ける。依頼者から丹念に事情を聞き、資料を集め、関係者にも確認して「事実」を一応確定し、これに法律を当てはめて価値判断を行う。これは裁判官の仕事と性質は同じであり、判例も頭に入れて行うのである。そして依頼者の代理人として先方と交渉する。一回、二回、三回としんどい折衝が続く。しかし、交渉の大半は、四回まででケリがつく。何とか当事者間で話し合いが成立するのである。弁護士のエネルギーの半分は、この裁判以前の交渉に費やされる。また、新米の弁護士が社会的にもまれるのもこの機会が一番多い。生の社会、生の人間を知るのである。

事前交渉に失敗した事件が、調停や訴訟に進む。野球でいうと五回が調停に、六回が第一審訴訟に当たる。ようやく裁判官の出番である。弁護士はもちろん調停にも訴訟にもかかわる。調停や訴訟の段階に進んだ事件は、弁護士がその役割を果たすほか、調停委員や裁判官の援助・助言も加わり、大半が当事者間に合意ができて終了する。それにも失敗した事件だけが、裁判官の判決を迎える。法的紛争全体の五％くらいとみられているが、判決は裁判官にとって一番大事な仕事である。それは、事実を確定して法を当てはめることであり、法律家一般に共通する仕事であるが、断然違うのは、判決は当事者に対する強制力を持つということである。その代わり、判決に不服のある者には、第二審・第三審と三回まで争う権利が保障される。どちらかに不服があれば訴訟はまだ続くのである。野球でいうと、七回と八回に当たる。第三審でようやく裁判官の仕事は一応終わるが、弁護士の役割はまだ続く。野球で九回に当たるのが執行である。裁判で確定した権利を実行し義務を履行するのである。

このように、弁護士は、紛争の開始から終了まで全部の過程にかかわり、野球でいうと一回から九回まで出ずっぱりである。裁判官は五ないし八回のうちどれか一回分だけを担当する。だから、弁護士として豊富な経験があれば、裁判官役を務めることは易しい。逆に、キャリアの裁判官は、証拠を収集し先方と厳しい交渉をする仕事は経験できないから、弁護士を務める自信は余りない。そこで、キャリアの裁判官は普通途中で退官して弁護士に転身したりせず、六五歳の定年まで勤務する。七〇歳までの簡易裁判所判事を希望する人も多い。

キャリアシステム――六年目で判事と同様の仕事

現在のキャリアシステム下の裁判官の日常を描いてみよう。司法修習生のうち、比較的若い人たちから判事補が採用される。勤勉で真面目で素直な性格の人が選ばれやすいとみられている。五年間は見習い期間であるが、特例判事補と言って、六年目から判事と同様の仕事を担当させてもらえるようになる。

裁判所の仕事で一番多いのは民事訴訟であるから、それを例に取る。民事第一審の裁判官は年三〇〇件くらいの訴訟事件を処理しないと赤字になる。実際の事件の審理は、一年くらいの日数をかけて少しずつ進めていくのであるが、時間を一気に縮めてみると、一日で一件処理できればよい計算になる。午前中から午後にかけて数時間審理し、和解を試み、それが駄目だと判決を書く作業にかかる。夕方までに書けないと、持ち帰って自宅で書く。夜九時ごろまでに完成すればありがたいが間に合わなければ、土日に回す。月曜日から金曜日までの五件が土日のうちに完成すればともかくギリギリセーフであるが、それで間に合わないと悲惨である。判決書きはだれも助けてくれないから、赤字となってたまっていく。いったいどこに時間を見付ければよいのか。

キャリアの裁判官の多くは、初任判事補に採用されてから定年の六五歳まで四〇年くらい裁判官一筋の生活を送ろうと思っている。現行法で任期は一〇年と定められてはいるが、一〇年たつと判事に任命され、その後一〇年ごとに当然再任されるという前提である。数年置きに全国あちこちを転勤し、担当する仕事も転勤先次第で、民事・刑事・家事・少年といろいろ変わる。給料はポチポチ上がって行く。将来の任地・ポスト・給料は、今の成績次第で決まり、成績の基本は、事件をためるかためないかだと何となく広く信じられている。だから、どうしても判決をためたくないという思いに駆られる。年に三〇〇件もの訴訟事件の処理は無理だ、裁判官を増員してほしいとは、だれも言わない。同じ事件数で黒字を出している同僚もいるから、そんな主張をすることは自ら無能であると告白するに等しいからである。

もちろん、六五歳まで勤められて、公費の転勤で日本全国を見聞でき、収入も高いということに満足し、任地・ポスト・給料にこだわらないで、悠々と仕事にいそしんでいる裁判官もいる。

また、適正・迅速な処理ということのうち、あくまでも適正を重視し、骨身を削り、全身全霊を打ち込んで事件を処理し、当事者の納得・満足を得ながら、なおかつ黒字を保っている裁判官もたくさんいる。

しかし、最近、裁判を利用する市民の各層から、ろくに審理もしないうちから、強引に和解を勧める裁判官もいるとか、とにかく早く早くとせき立て、当事者の言い分を十分に聞かず、証拠も十分調べないまま判決する裁判官もいるとか、判決に納得のいく理由を書いてくれていない裁判官がいるとかいうような、まことに厳しい批判の声が次第に多く聞かれるようになってきた。

批判の内容が全部事実であるかどうかはともかく、目の前の事件処理に追われ、それに熱中している裁判官の耳には、そういう声は届きにくかろう。最近批判が絶えないのは、事実上の終身雇用制の下で、判事補という子飼いの裁判官制度をもうけ、任地・ポスト・給料という「アメとムチ」で管理・監督し、裁判官の適正な全国配置を図ろうとするキャリアシステムには、多少の「病理現象」も伴わざるを得ないことが、裁判利用者の目にも映り始めたということであろうか。

法曹一元制度の裁判官――当事者双方に優しく親切

事実上の終身雇用制の下で、初任判事補から六五歳の定年まで、四〇年間くらいも裁判官として勤務させ、任地・ポスト・給料というアメとムチで管理・監督することにより、全国規模で裁判官のレベルを保とうとする現行のキャリアシステムには、目の前の事件を落とすことに一部の裁判官を熱中させてしまうという「病理現象」も伴うことが指摘されるようになってきた。

そこで、判事補の採用をやめ、主として弁護士を一〇年以上経験した者の中から、判事を採用するという「法曹一元制度」が浮かび上がってきた。弁護士として一〇年以上の経験があれば、法的判断者としての裁判官の役割が十分務まることは既に述べた。しかし、弁護士一〇年で三五歳くらいとして、その年齢の弁護士を判事に採用し、以後六五歳の定年まで三〇年くらいもあちこち転勤させながら裁判官として勤務させるという構想ではない。任期を一〇年間と限り、その代わり任地・ポスト・給料を採用時のまま固定するという制度である。つまり、三五歳くらいから六五歳までの三〇年間のうち、その弁護士にとって最も都合の良い一〇年間を選んでもらい、希望の任地・ポストで裁判官を務めてもらおうという制度である。そのようにすれば、終身雇用的な役人としての出世という面がなくなるから、それに伴う弊害がなくなるのは容易に理解できる。その他に弁護士から判事を採用することに積極的な意義があるのだろうか。

弁護士の場合、依頼者が来てくれなかったら飯の食い上げである。来てくれた人の中には困った人もいて、けんかになって解任されたり、弁護士の方から辞任することもある。しかし、原告側であれ被告側であれ、ほとんどの依頼者とは、しかられたりほめられたり喜怒哀楽を共にしながら、最後まで二人三脚で闘っていく。結果が出て、手を取り合って悔し泣きすることも、抱き合って喜ぶこともある。そして、紛争が終了して後も、「戦友」として、長いお付き合いが始まることも多い。そういう経験に基づき、新米の弁護士は、紛争はだれにでも起こりうるし、紛争に立ち向かうプロセスで、多くの人はいろいろなことを学び、その経験を生かして、その後の人生を力強く切り開いて行くことを知り、紛争当事者に対し敬愛の気持を抱くようになる。

何より、依頼者からいただくお金で弁護士の生活は成り立っている。訴訟まで行った事件では、平均一〇〇万円近いお金をいただいている計算になる。「お客様は偉大な神様である」ことは、弁護士をやっておれば自然に身に染みつくのである。だから、弁護士の紛争当事者に対するイメージは当然好意的である。

これに対し、世間一般は紛争を忌み嫌い、紛争当事者を敬遠しがちである。紛争を裁くことを生涯の職業にしているキャリアの裁判官はどうかというと、世間一般のレベルよりなお一層紛争が嫌いだろう。ひょっとすると、紛争当事者に向ける目は案外冷たいかもしれない。紛争は処理の対象に過ぎず、嫌な目に遭うことはあっても、当事者の人間性に触れ感銘を受けるというような経験をすることは少なく、給料は「お上」からもらっているという感覚だからである。

これに対し、法曹一元制度で弁護士から採用された裁判官は、基本的に紛争の当事者双方に対して優しく親切だろう。当事者の目線で、当事者の話を聞き、当事者に物を言うだろう。弁護士のときに身に付けた習性は、一〇年くらいならすり減ることもないと思われる。当事者から給料をもらっているわけではないが、当事者を含む管内の人々から毎月多額の給料をいただき生活が成り立っているというようなイメージを抱き、感謝の気持も忘れないだろう。

裁判官の実務改革 —— 決断するのは国民

「法曹一元制度」で弁護士から採用された裁判官たちは、当事者双方に対して優しく親切だろうと述べた。

次に実務改革という視点である。例えば、民事訴訟は、利用者サイドから「遅い。高い。まずい」と酷評され、最近ようやく民事訴訟法の改正が実現し、現在、裁判官も弁護士も協力し合って一生懸命に改革に取り組んでいる。しかし、遅いとか高いとかまずいとかいうのは、あくまでも訴訟を利用する側から出てきた評価であって、訴訟を主宰するキャリアの裁判官の多くがそう思って率先して改革を主導したわけではない。裁判官の多くは、「遅いのは当事者がしつこく筋悪く争うケースだ。高いと言うが、安くしたら不当訴訟を起こされてかえって困るだろう。判決がまずいと言うのは負けた当事者のひがみである」という程度に軽く受け止めていたと思う。例えば、当事者双方ともがびっくりするような判決が出て、負けた方の弁護士と依頼者が手を取り合って悔し泣きしたとしても、弁護士はその裁判官を決して名指しで批判はしない。「あの弁護士はうるさい」とのうわさを裁判官仲間に流されてはたまらないからである。利用者の不満は、これまで弁護士限りで遮断されてきた。裁判官の認識が甘くなる原因の一つであろう。

キャリアシステムは、判事補が先輩裁判官から実務を習いながら育てられる制度である。実務は習う対象であり、批判する対象ではない。つまりシステムそのものが現状維持型であって改革志向型でない。もっとも、経験を重ねるうち、実務慣行に問題を感じ、手近な点から始めて、いろいろな改革に着手する裁判官は多い。しかし改革ということは、それまでの運用すなわち先輩の仕事を批判することであり、陰に陽に相当の反発を受ける。頑張って多少の改革を実現したころはもう次の異動期である。後任の裁判官が改革を引き継ぐとはかぎらない。善意で、元に戻してしまう場合もある。かくして、キャリアシステムの下では、全体として大きな改革は遅々として進まない。官僚システムの自己改革は期待できないといわれているが、そのとおりである。司法改革が大きく立ち遅れてきた原因の一つはキャリアシステムそのものにあるだろう。

法曹一元システムでは、主に一〇年以上経験のある弁護士から裁判官志望者を募る。応募者は、裁判を受ける立場から、大なり小なり裁判の運用に問題を感じ、改革をしようとの意欲を持った弁護士たちであろう。単に安定した生活を求めて裁判官を志望する弁護士もいるかもしれないが、市民代表も加わっている裁判官選考委員会がチェックする仕組みである。裁判官選考委員会は、改革の視点と理念を持っている人を選びたいと思うだろう。そして、希望するポストに就ければ、一〇年間は転勤を心配することなく、その職務に専念できる。このような裁判官が全国に行き渡れば、システムそのものが現状維持型ではなくなり、改革志向型に転換する。社会のニーズをつかみ、これに柔軟に対応できるシステムに変わるのである。

改革志向型システムに転換した裁判所は、自ら裁判利用者に対し、満足度や要請についてアンケートなどによる調査を積極的に行うようになるだろう。キャリアシステムの下では、これらはほとんど行われていない。その理由もよく分からないが、事件の処理件数で競争させられている上に、当事者の満足度調査で、結果に不満な一部の人の意見だけが集約されて、さらに尻叩きの材料に使われてはたまらないと裁判官たちが内心反発するからであろうか。

さて、長く書いてきたが、裁判官の任用制度を変革するかどうか、決断するのは国民である。

Ⅱ章　依頼者と弁護士

南　輝雄

南　輝雄（みなみ　てるお）

1949年　堺市生まれ

1965年　大阪府立三国丘高等学校入学

1968年　同校卒業

1968年　大阪大学法学部入学

1972年　同大学卒業

1972年　司法試験第二次試験合格

1973年　第27期司法修習生採用

1975年　司法修習修了

1975年　大阪地方裁判所判事補

1978年　金沢地方・家庭裁判所判事補

1981年　静岡地方・家庭裁判所浜松支部判事補

1984年　依願退官

1984年　大阪弁護士会入会

1987年　南輝雄法律事務所開設

現在に至る

いろいろ経験したくて裁判官に――三都市に三年ずつ勤務

最初に簡単な自己紹介から。堺生まれの堺育ち。地元の津久野小学校、一時日本一のマンモス校といわれた上野芝中学校から三国丘高校へ。そこから大阪大学法学部と大学卒業まで修学旅行以外は大阪から出たことがない。大学受験は数学も英語も苦手だったが、法律の仕事をするようになってからは数学はまあ相続分の計算くらいだし、英語の方は、「裁判所では、日本語を用いる」（裁判所法七四条）という条文を見つけて、今までこれで助かっている。大学を卒業した年に運よく司法試験に合格。二年間の研修（司法修習といっている）を終えて弁護士になるつもりだったが、いろいろ経験したいと思い、裁判官になった。裁判官になって大阪、金沢、浜松と三か所に三年ずつ勤務した。

任官当初は何をするにしても右も左も分からない。当時新任判事補研さんというのがあってしばらく東京地方裁判所に行くことになり、所属部の部長（裁判長）には当然出発のあいさつをしたが、部長から「所長にあいさつに行ったか」と尋ねられ、あわてて所長のところに行った。新任の私には所長は遠い存在だったし、裁判所に入ったばかりで何も分からずそこまでは全く思いもつかなかった。挨拶といえば、三年目に金沢に転勤するとき、これも先輩のアドバイスで金沢を管轄する名古屋高等裁判所の長官にも挨拶状を出し、金沢への赴任の前に名古屋に寄ったら、当時の長官から「手紙をもらってありがとう」というような声を掛けられ、うれしかったことがある。裁判の事件で心に残っているのはやはり死刑事件に関わったこと。中身に触れることはできないが、これは二〇年経た今でも被告人の顔も覚えている。

金沢には兼六園にあこがれて転勤した。最初の冬、雪が降って珍しそうに裁判所の窓の外ばかり見ていたら、地元の職員の人に、「雪が珍しいんですか」と笑われた。地元の人にとっては雪は生活のやっかい者なのである。借家に住んだが借家契約書には〈借主は屋根の雪を降ろすこと〉という条項があって、どうしようと思っていたら、「大阪からおいでた（来た）人には無理だろう」（屋根から雪と一緒に落ちて亡くなったというニュースもあった。）と家主さんがやってくれた。

浜松では官舎住まいだった。勇壮な凧揚げで有名な浜松祭りの日、表から威勢のいい掛け声が聞こえて来るので急いで見に行ったら若人の集団だけが勢いよく去って行った。だんじりが来たと思っていたら、地元でいう〝練り〟だった。この練りには何度か〝だまされ〟た。事件では二輪車の産地の故か暴走族の事件が印象に残った。警察に頼んで夜間に実態を見に行ったこともあった。

関係者に出会っても気まずいので赤ちょうちんを飲み歩くようなことはあまりできなかったが、裁判所のなかは思いのほか自由だった。

依頼人の心を傷つけず――納得してもらう必要

裁判所には九年間勤めたが、北は北海道から南は沖縄まで転勤がつきもののため、単身赴任になる前に故郷大阪に落ち着こうと弁護士になった。

ちなみにわが事務所のトレードマークはニワトリ。いつもバタバタしていてその割りには飛べない……。もちろん決してニワトリの悪口ではないので念のため。仕事のほとんどは民事事件。最近は破産申立の相談も結構ある。受注減から行き詰まった会社、勤め先の倒産でローンが支払えなくなった人などさまざまであるが、世の中景気回復はまだまだの感じがする。

もちろん、相談の中には離婚や遺産分割などの家事事件もある。離婚相談では、夫の暴力がひどくて子どもまでおびえていると訴える妻、妻がブランド物を欲しがり家計を任せられないと訴える夫、夫が子どもに愛情がなく養育費を出そうとしないと訴える妻、逆に自分が引取りたいのに子どもを妻にとられたうえなぜ養育費まで出さなければならないのかという夫。また遺産分割の相談では、兄弟と母親が連合軍で文句を言ってきてどうしようもないという長男、あるいは長男が遺産を一人占めにして親の貯金まで隠していると怒る長女、二男などさまざまである（これらはプライバシー保護のため、個別の相談例ではない）。

相談のなかには相談者のいうのが無理もないというのもあるし、法律的にはなかなか相談者の思いどおりにはならないのもある。思いどおりにならないのについては、どうしてかということを逆の立場になって考えてもらったり、同じようなケースを書いた本を見てもらったりして、できるだけ自分で答えを見つけてもらうようにする。そうでないと人間誰でも普通は自分の方が正しいと思っているから、弁護士からそれは違うといわれても簡単に納得できるものではない。これは弁護士だって同じこと。弁護士仲間からそれは違うんじゃないかと言われても心の底ではいや自分の方が正しいと思っていることだって結構ある。だけど、これにはこんな判例があると言われると判例は無視できないから納得する。それと同じで相談者も弁護士から言われるだけなく、モノの本にも自分と違う考えが書いてあればそんなもんかと納得しやすい。本音をいえば、私たちは自分の考えを否定されると心まで傷つきやすいので（どうもこの辺が議論に慣れている外国人と違うらしい）、いかに傷つけずにわかってもらうかが難しいところである。

もともと心配事があってきている人に追いうちをかけるようなことがあってはならない。でもこれがなかなか難しい。どんな仕事にも苦労は尽きないものである。

相談のあと相手方と交渉しただけで解決すればよいが、相手方にも弁護士がついている場合でも弁護士に相談するような事案はもともと簡単にはいかないことが多い。その場合は裁判所の力を借りることになる。その場合の一つが調停の申立である。

当人同士だと感情的もつれ――もどかしい気持ちが残る

弁護士として離婚や遺産分割の相談を受け、相手方と話はしてみたもののうまくいきそうにないときは調停申立をする。

調停というのは、当人同士だけだとかえって感情的にもつれたりするので裁判所で民間から選ばれた十分良識のある人（調停委員）と裁判官に仲に入ってもらい、当人同士が譲れるところは譲り合って話し合いで解決を目指すものである。

裁判所での調停の伝統的なやり方はこんなふうである。

家庭裁判所からあらかじめ連絡のあった日時に裁判所の調停係受付に行くと、その日使う部屋（調停室といっている。広さは数坪くらい。法廷のような裁判官の座る一段高いところもない普通の部屋）が告げられる。

しばらく廊下の長いすなり待合室なりで待っている。定刻になると、当事者のまず一方（例えば中立人である妻）が調停室に呼ばれる。部屋の中にはテーブルが真ん中にあり、これをはさんだ向こう側に調停委員の方が二人座っている。当事者は手前側に座ることになる。

この辺はテレビで見る法廷とは全く異なっているので法廷をイメージしていくとあれっということになる。そして、調停委員からどうして別れようと思ったのかなどといろいろ事情を尋ねられる。当事者の方も話しておきたいことを言う。その間相手の方は廊下か待合室で待っている。そのうち入れ替わりとなり、今度はもう一方の当事者（例えば相手方である夫）が調停委員から事情を聴かれ、あるいは言っておきたいことを伝える。その間今度は申立人の方は室外で待っている。お互い相手の言い分を聞くのは調停委員を通してであり、直接相手の言い分を聞く機会はめったにない。

このようなことを繰り返し、何回か日を重ねているうちに、調停委員のあっせんで最終的な合意（例えば、子どもの親権者を申立人とする。養育費は月何万円とするなど）に達すると解決（調停成立）となり、どうしても合意ができない場合は調停不成立となる。調停不成立の場合はさらに訴訟（裁判）あるいは審判（裁判官の判断による決定）に進んでいくこともある。

このような別々に事情を聴くやり方は今もほとんどの裁判所で行われており、他人同士の争いの調停である民事調停（これは簡易裁判所でする）の場合も同じである。

このようなやり方（個別調停）にも、相手の前だと話しにくいことでも話せるし、つい感情的になって思わぬ事態が生じるようなこともないなど利点とされていることもある。

しかし、このようなやり方で相手の言い分が本当にわかるのであろうか、調停というのは話合いと聞いていたのに別々に部屋に入って話し合いができるのか、自分が当事者なら直接言いたいことも聞きたいこともあるのに、というような思いをお持ちの方はないだろうか。

〝公の場で感情的〟は損——直接話すと利点も

さて調停が始まった。先に自分が三〇分ほど話をし、今度は相手が調停室に入った。自分は外で待っている。待っていることのなんと長いことか。一体相手は長い時間をかけて何を言っているのか、言いたいことなら自分の方がずっと多いのにという気持ちが募ってくる。カラオケで順番を待っているときの気持ちと同じ。自分のしゃべる三〇分（歌う三分）はすぐ過ぎるのに、待っている三〇分（本気では聞いていない他人の歌の三分）はずっと長い。ある当事者がそれほど長い待ち時間でもないのに、相手の入っている調停室をわざわざ開けて、いつまで待たせるのかと抗議しているのを見たことがある。

本当はこの人の方が先に長くしゃべっており、調停委員は公平を一番大事にしているので一方だけ特別に長いというようなことは普通はない。だけどこれが人間心理。どうしても、相手の方が長い時間かけてあることないこと好き勝手に言っていると腹立たしく思い、時には一体何を言われているのかと不安な気持ちにもなってくる。

それと、これも弁護士ならよく経験することであるが、調停委員は〝向こう付き〟ではないかと依頼者から言われることがある。調停委員はそんなことはないのであるが、できれば譲れませんかと調停委員から説得されると、自分だけが譲歩を求められているような気持ちになってしまう。現実は調停委員は相手の方も説得しているのだけれども。

弁護士としては〝向こう付き〟ということはないことを依頼者に説明するが、なかなかわかってもらえない。あまり言いすぎると、依頼者から〝どっちの弁護士だ〟としかられてしまう。弁護士も苦労が絶えないのである。

また、別々に事情を聴くため、時間を要し、当事者にしてみれば、どうして何回も同じようなことを重ねなければならないのかという気持ちにもなる。わざと遅くしようとする人などだれもいないが、待っている時間と次の調停の日までがもどかしい。

これが当事者が一緒に調停室に入る調停（同席調停）だとどうであろうか。

まず、廊下で待つということがない。相手方の言い分も調停委員の発言も全部目の前でしているから相手の言い分もそのまま伝わるし、調停委員が〝向こう付き〟でないこともわかる。もっとも、同席では、かえって感情的に対立しないか、相手のいるところでは言いたいことが十分言えないのではないかと私自身思ったこともあった。

しかし、当事者は、公の場で感情的になると〝損〟であることをわきまえており、相手がいても言いたいことは十分に話さないと自分の思いが伝わらないこともわかっており、かえって直接話した方がすっきりしてわだかまりも解ける。

少し前のことになるが、ののしり合っていた夫婦が裁判官の助言も得てわずか一回の同席調停でお互いの立場を理解して成立までこぎつけたこともある。

別れるだけが終着駅ではない――「子はかすがい」実感も

ふた昔ほど前「あんさん、そら別れなはれ」のセリフで有名な人生相談のラジオ番組があった。家庭裁判所の離婚事件というと、別れる話ばかりかというと、これがそうでもない。

家庭裁判所に限らないが夫婦のどちらかに結婚を続けたい気持ちのある場合、最初は仲直りの方法はないかとさぐってみる。当事者の一方がどうしても別れたいと思っているのに、調停委員からもう一度元のさやにということは考えられませんかといわれるのはこのような場合が多い。それで元のさやが無理となれば離婚の方へ話が行く。

離婚の方へ話が行っても終着駅が離婚とは限らない。調停委員は離婚の話が進んでいてもどこかで仲直りのきざしがあれば再び元のさやの方向での話をする。子どもがいなくても同じだけれども、特に子どものいる場合はそうである。

私もこれまで、なかには裁判まで進んでいながら仲直りしたケースを経験している。どれも子どものいるケースである。プライバシーの問題があるから個別のケースをとり出すことは絶対できないので、内容をとりまぜながら一般化して書いてみる。

その一つは、幼い子どものいるケース。妻は夫が暴力的でこんな夫のもとで育つと子どもまで夫そっくりの暴力人間になるから自分が子どもを引き取って別れるしかないと言い、夫は夫で妻の生活は乱れており、とても安心して子どもを任せられないと言っていたケース。調停進行中、夫が子どもと会う際に（面接交渉といっている）妻も一緒に行き、子どもが「お母さん」、「お父さん」と慕う姿を見て、二人で子どものためにもやり直そうということになり、調停は取り下げで終わった。もちろん、ここに至るまでには調停委員のアドバイスもあったが、最後は夫婦二人で決めたものである。

二つ目は、中学生の子どものいるケース。これは調停では話がつかず、裁判までいったが、いよいよ次の裁判の日には離婚ということになって、子どもにそのことを話したところ、子どもから「離婚しないでほしい。どうしてもというなら自分が結婚するまで待ってくれ」と泣いて頼まれ、子どもがそこまでいうのならと離婚を思いとどまったケース。

そのほか誕生日前日の幼い子どもの寝顔をみて、夫婦でやり直すことを話したというようなケースもある。

離婚事件の依頼を受けると、結果的には別れるケースが多い。それはそれでつらい思いを続けるより新たな人生の出発だと思うし、離婚したことがその後の幸せにつながっていることだって少なくない。

一方、数は少ないが、子どものため耐えるという意味ではなく、二人でもう一度やり直そうというケースに出あうと弁護士としてもうれしい。もちろん調停委員さんも喜んでくれている。その家庭に幸多かれと願うばかりである。

さ細というなかれ、境界争い――当事者には人格かけた重大事

家事関係の紛争はもちろん夫婦、親子、兄弟等、人間関係のつながりの深い人々の間で生じるが、人間関係のつながりの深い人の間で日常生じやすい紛争の一つに境界の争いがある。境界の争いは家事事件ではないが、今回はこれを書いてみようと思う。

境界の争いのなかには、私が浜松の裁判所の裁判官だった時にあった、天竜の山林の境界の争いというような係争地が大きなものもある。この樹の種類がどうだとか、この沢（サワ）がどうだとかの説明を受けるのだが、申し訳ないことながら大阪育ちの私にはそれが境界とどう結び付くのか正直いってピンとこないものもあり、審理判断するのが大変だった。

私自身としては分かろうと精いっぱい努力したつもりだが、せめて、大阪から来た人間がよちよち歩きなりにも何とか分かろうと努力していたということが、当事者の方に伝わっておればと願うばかりである。

大阪での境界争いといえば、このようなものよりも多くは隣家との間での敷地の争いである。建て替えや塀のやり替え、あるいは隣の土地の売買などの際、表面化することが多い。

争いの幅は、ブロック塀の裏か表かという十センチ程度のものから一メートルくらい、面積にすると一坪未満から十坪程度までのものが多く、他人から見ればそんなわずかなことでというよ

うに見えるものが少なくない。

しかし、当事者にとっては自分の人格（人間性）をかけて争うほど重大なことなのである。その意味では離婚などの争いと似通った面を持っている。当事者としては当然自分の所有地（領地）と思っているのに、たとえわずかでも領地の一部を取られるようなことは身を切られるような思いであり、無理やり譲歩でもさせられようものなら（お金の問題ならある程度割り切ることも可能であろうが）人間対人間の戦いに敗北を喫した気持ちになってしまう。

読者の方も、ある日突然、隣から境界が食い込んでいると言われたときのことを、あるいは隣が何の了解もなしに勝手にこちらの敷地に食い込むような形で境界石を入れてしまったときのことを想像してほしい。隣は何を勝手なことを言っているのか、あるいはしているのかと感情的に反発し（これが人情というものであろう）譲歩する気分になど、とてもなれないと思う。これが境界争いの解決が難しい理由の一つである。

境界争いは話し合いで解決できればよいが、このように感情面の対立あるいは土地に対する愛着や思い入れが強いため、話し合いで解決することが難しいケースが少なくない。その場合どうしても解決しようとすると裁判所でするしかない。

人間と人間の戦い――証拠探しがポイント

境界の裁判は、まず、自分が正しいと思う境界を記載した測量図を作ることから始まる。争いの面積が大きくないため、係争地の値段に比べて測量費用や裁判費用などが大きい場合も少なくないが、境界の争いは〝人間対人間の戦い〟であり、お金の問題ではないため、多少の費用は覚悟のうえであり、何としても隣に負けるわけにはいかないというのが当事者の心情である。

裁判では、当然相手方も自分が正しいと思う境界を主張することになり、双方の言い分が出そろったところで、争点（双方で争いになっているポイント）が決まってくることになる。

裁判の勝敗は自分の言い分（主張）を裏付ける証拠があるかどうかで決まるため、双方ともこのような証拠を自分で探して裁判所に出すことになる（裁判所自ら証拠を探すことは、結果的に一方の当事者に有利に取り計らったようなことにもなりかねないため、今の裁判では裁判所自らが証拠を探すシステムにはなっていない）。

その一つに法務局にある地図（公図）があり、これで境界が分かるのではないかと思う方もあると思うが、公図は見取図的なものであり、重要な資料ではあるけれども、これだけで境界を決められることはまれである。時には公図の地番と現地の地番が合わないといったこともある。

それで、昔の境界石はないかとか（境界石らしいものがあっても、片方がこれは境界を示すものではないと言い張ればやはり紛争は残ってしまう）、双方の敷地の面積が登記簿と比べてどうであるとか、係争地の以前からの利用は主にどちらがしていたのかとか、昔の航空写真ではどうなっているとか（航空写真は戦後のものであれば、毎年の分ではないが最近の分まで入手できる。戦後間もなくのころはアメリカ極東空軍が撮影したものがある）あるいは古くから住んでいる人に証人に出てもらうとか（これは争いに巻き込まれるのをおそれて出てもらえないこともある）、双方がいろいろ資料や証人を探すなどして裁判所の判断を求めることになる。

裁判になると、例えば交通事故の賠償などはいきつくところは金額の問題となるため、裁判所のあっせんによる和解ができやすいが、境界争いでは和解はなかなか難しい。それは、たとえわずかの面積ではあっても、隣が自分の土地を取り込もうとしているという心情（人情といってもよい）的な面が強く、〝銭勘定〟には変えられないためと思われる。

裁判で決着がついても、隣人同士勝った負けたという後味の悪さが残り、朝夕のあいさつもしなくなったというようなこともあるため、話し合い解決が望ましいのであるが、現実にはなかなか難しいのが実情のように思われる。境界紛争を避けるには土地購入の際、境界をきっちりとし、境界石も隣人の立ち会いのうえ入れておくのが一番である。

私道通行・当事者間で解決を――使用条件や料金を設定

産経新聞朝刊に私道の持ち主が私道に鉄板を置いて通行妨害をして逮捕された記事が載っていた。

このように、境界争い以外に近隣同士争いになりやすいものに、私道通行の問題がある。市道などの公道でも時に嫌がらせに大きな石を置いたりして争いになることもある。ただ、公道は基本的にはだれでも自由に通行できるものであり、仮に妨害を止めるよう求めただけでは解決せず裁判にいったとしても、割合短期間のうちに解決されやすいようだ。

手続としては、双方が四つに組んで法廷で争うような本訴手続ではなく、差し当たっての裁判所の結論を出してもらう方法（仮処分手続）などによることが多いように思われる。

ところが、所有者が個人や会社である私道の通行になると、普通は持ち主の好意で通行しているだけの場合が多いため、私道の持ち主が代わった場合などに紛争となることが多い。

例えば私道が売買された場合に、それまでの持ち主は何も言わなかったのに、新しい持ち主が自動車の通行は困るといったり、持主が自分の自動車を止めて他の人が通行できなくなったりする。あるいは、相続のあった場合に、例えば先代までは何もなかったが、相続人は○○所有道路という標識をたてて何かと通りにくくするというような形で起こりやすい。

逆に、私道の利用者が代わった場合に、これまでの私道の利用者とは親しい関係にあったため通行を認めていたが、新しい人には私道の通行を認めないというような形で紛争が生じることがある。

また、普通あぜ道くらいしかない農地が宅地化され、自分の宅地への進入路が私道である場合も多いが、このような場合の建物の建て替え時に私道の持ち主の了解がとれずに紛争になることもある。

私道を通れるかどうかは直接日常生活に大きく響き、建築確認などの場合にも影響があるため、深刻な問題となる。なかには今日見ると道が通れなくなっていて得意先への納品もできなくなったと駆け込んで来る人もいる。

もちろん私道の持ち主にも言い分はある。「私道より細いかもしれないが他に里道などの通路があるからそこを通ってもらいたい」、あるいは「今までは人と自転車が通るだけだったのに、大きな車が二台もわが物顔で通ることまで認めたわけではない」などという言い分である。

この私道通行の問題も、境界の問題同様当事者間の話し合いで、例えばこれまで同様通行は認めるが、自動車については一五〇〇ｃｃ一台だけにするとか、私道の持ち主に対して何がしかのお金を支払うというような形で解決できれば一番よい。が、どうしても話し合いがつかなければ、その私道を通行する権利があるのかないのかなどを巡って裁判所で決着を付けることになる。

土地購入の際確認を――私道の通行権・信義誠実の原則で

私道の通行権が問題となる場合に裁判でよくされる主張に〃通行地役権の時効取得〃というのがある。

これは、例えば、親の代からずっと長い間その私道を通行してきており、通行できる権利が私道の長期間の使用により時効で自分のものになっているというような形でなされる。

しかし、この通行地役権というのは通行権の中でも強い権利であり、時効取得の場合は通行者が自分でその通路を開設することが要件とされていることなどから、現実の裁判ではなかなか認められにくいようである。

同じように長い間その私道を使っていたことから、契約書のような書いたものはなくても、通行することを私道の持ち主も承諾しているということで、双方が暗黙のうちに了解している〃黙示の合意による通行権〃があるという主張もある。

ただ、これも読者の方がお気付きのように、黙示の合意による通行権ということと好意で使わせているのとどこが違うのかといった問題がある。この主張も、裁判ではどうしても証拠は何かというようなことになるので、書いたものがないだけになかなか認めてもらうことが難しい面がある。

囲繞地（いにょうち＝袋地）通行権という主張もよく見られる。

袋地通行権というのは、お聞きになったことがあるかもしれないが、自分の土地が他に出入口のない袋地である場合には公道まで他人所有地を通ることができる権利である。もちろん、これもどこを通るか、自動車の通行まで認められるのかなどの問題がある。そのため通行を求める側の思うとおりになるとは限らないが、自分の土地が袋地になっておれば、通行地役権などよりは認められやすいように思われる。

権利濫用（らんよう）論というのもある。

権利濫用論というのは、初めて聞くと何のことかと思うが、権利があってもこれを濫用することは許されないという理屈で、当然のことである。これと同様に物事は信義にのっとり誠実に対処しなければならないというこれまた当たり前の信義誠実の原則というのもある。

権利濫用とか信義誠実の原則などというのは、民法のいわば〝ご本尊〟に当たるものであり、そうむやみに担ぎ出せないものである。しかし、いくら私道の持ち主であっても、必要もないのに通行の妨害などをすると、所有権という権利の濫用であるという理由で妨害行為をやめさせられることになる（結果として私道の利用者は通行できることになる）。

私道の通行権は、通れないと非常に困ったことになるため、これも土地購入の際、進入路は公道か私道か、建物の建築はできるかどうかなどを確かめておくことが敷地の広さなど以上に大事なことがある。私も進入路が私道になっている土地の購入者からの依頼で私道の持主と交渉し、通行地役権の設定（登記も）をしたことがある。

当事者双方から中立に――メモの分量まで平等に

前項は法律論めいたものになったため、ちょっととっつきにくかったかもしれない。ただ裁判官や弁護士はそんなことをいろいろ論議しているのかという雰囲気だけでも感じてもらうことができたらありがたいと思っている。

私たちはこのような法律論のほか、調停がうまく進行し、紛争を解決するにはどのようにしたらいいのかというような勉強会もしている。先般も、この欄にも何度か名前がでているアメリカ在住のレビン久子さんをお招きして、アメリカでの調停のやり方というものの話を聞く機会があった。

いろいろな話があったが、その中で印象に残ったものの一つに、調停者は自身が中立でなければならないのは当然であるが、当事者からも中立に見えなければならない、ということがあった。

具体的には例えば当事者双方の話を聞くとき（アメリカでは双方同席の調停が原則である）、メモを取る場合でも双方の言っていることを同じ分量のメモを取るようにしなければ、片方からなぜ相手の言うことばかりメモするのかといわれるということであった。

これは本当に大事なことである。当事者の一方の話をメモすれば、相手方の話は対立するところだけメモするというようなことで、調停者としてはいわば善意のかたまりで話を聞いているだけに、自分は中立を守っているのだからメモの長さまで気にしてくれるなということになりがちだ。が、当事者はそんなメモの長さまで気にしており、そこまで気を配らないとなかなか当事者の信頼を得ることが難しいということである。これは弁護士の場合も同じで依頼者は恐らく弁護士の一挙手一投足を見ているはずであり、私など自分がそのつもりでも、依頼者から見ても本当にその人が自分の身になってくれていると思えるような（調停でいえば、この調停者は本当に中立と思えるような）説明をしているかどうか、大いに反省させられ、また勉強にもなった。

このレビンさんの勉強会で参加者が実際に調停者や当事者の役割を持って模擬調停（ロールプレー＝役割演技）もやった。

私も、親子の紛争でおじいさん役になった。いつも話を聞く方なので、このときとばかり当事者になって言いたいことを言ったら、なかなか力がこもっていたとのことで、参加者から「弁護士もいいが（弁護士よりも？）、ヨシモトでもいけるのではないか」とのお褒め？の言葉をいただき、今進路を再考しているところである（本当は再考していません。どの仕事もなかなか大変で今の私には弁護士以外にできそうな仕事はありません）。

そういえば、裁判所にいたとき、関係者から「裁判官にしておくのは惜しい」と言われたことがあった。私の場合、法理論はともかく、庶民感覚があふれていたためかもしれない（陰の声〝理論は知らないのだろう〟）。それでというわけでもないが、弁護士になって今にいたっている。弁護士というとデスクワークのように見られがちだが、現実は私の場合、体力勝負である。

事件処理に追われる裁判官――相当の重圧……増員を

神戸家裁の井垣康弘判事は、裁判官の多忙を訴えておられる。これは私も全く同じ思いである。私は、裁判官九年間のうち民事の方が長かったのでそのときのことを書いてみたい。当時、だいたいどの裁判官も訴訟事件を一人二〇〇件から二五〇件、場合によってはそれ以上の手持ち事件を抱えていた。一人でそんなに多くの事件があって、どれがどの事件かごちゃごちゃにならないかと思われるかもしれないが、事件の当事者や内容が入り交じってわけが分からなくなるというようなことはなかった。

しかし、この手持ち訴訟事件のほか強制執行事件なども担当しているところへ、毎月二〇件以上の新たな事件（新件といっている）が回ってくるのである。月に二〇件以上新件が来るからには、少なくともその件数程度処理しないと手持ち事件は増える一方になる。新件より、判決言い渡しや和解成立により裁判所として最後の処理まで終わった件数（既済件数）の方が少ないのを〝赤字〟といっていた。

月に二〇件となると土、日を除いて毎日一件以上処理しないと赤字になることになる。この毎日一件以上（双方の主張を整理し、証拠になる書類などを出してもらい、証人尋問をし、判決を書き、言い渡しがすんでようやく一件である）というのがかなり大変なのである。

毎月、月初めになると、各裁判官ごとに前月の新件と既済件数を書いた統計表が回ってきた。例えば、私が新件二一件、既済一九件とすると南裁判官前月は赤字二件ということになる。この統計表が赤字であるからといってすぐにどうこういうことはないにしても、私も含めて無言の圧力と感じている裁判官は少なくなかったと思う。

だから、あと一件でトントンというようなとき、月末に事件の取り下げ（事件の当事者が裁判の申立を取消すこと。取下も一件既済となる）が来ると、なんとか〝帳じり〟が合うことになり、その喜びは隠し切れない……というほどではないが、やはりホッとした思いがする。

人の一生を左右する、しかも普通は一生に一度あるかないかの裁判を、赤字だ黒字だとは何と不謹慎なとおしかりを受けるかもしれない。だけど、毎日の事件処理に追われている裁判官の実態は今も変わらないと思う。もちろん、いくら多忙だからといっていい加減なことができるはずもない。

次回以降に書くつもりであるが、どちらが真実なのかの判断がなかなかつかないこともある。多数の手持ち件数のなかで判決を書かなければならない事件が机の上に五件もたまると重圧感は相当であった。ある統計によると明治二三年と現在とで裁判官の数は二倍弱になっただけである。井垣判事同様、裁判官の増員はよりよい裁判をしてもらうためにもぜひとも必要と思う。

「真実」を見分ける——昔も今も日々努力

民事担当裁判官をしていたときの苦労の一つは、事件によってはどちらが本当のことを言っているのかよくわからないということであった。もちろん裁判官の仕事は、うそと本当とを見分けるところにあり、これができないようでは困るではないかといわれれば、それはそのとおりなのであるが、どっちももっともらしくて（どちらもうそのようでというのはあまり経験しなかった）、本当にわからないということがあった。

証拠として出された書類や写真など客観的な証拠と証言あるいは原告被告の言い分（主張）を突き合わせていくと、どうもこちらの言い分の方が真実らしいという具合に事件の輪郭が見えてくる場合はいい。しかし、双方の弁護士ともやはり不利な証拠などはあえて出すようなことはしないであろうし、あまりにもどろどろした部分も裁判所には出てこないであろうから、裁判所に出て来る事実は、いわば泥水の上澄み液といった場合があり、裁判官の立場からは上澄み液の下の部分までは見通せず、どちらも本当のように見えてきてなかなか結論が出せなかった。

新件は容赦なく来るは、判決はたまるはとなると事件の重圧に押しつぶされそうになる。そのようななかでも、引き分けという判決はないので、やはりどちらの言っていることがより真実に近いのかと何とか判断し、判決を書くことになる。民事の判決書きは大変ではあったが、結論が決まると、スラスラとはいかないまでも何とか筆を進めることができた。

しかし、結論の出ていないものはなかなか筆が進まず（民事事件の判決文は当事者の言い分を整理する部分のように結論が出ていなくても書ける部分もあるのであるが）机の前に何時間も座っていても一枚も起案用紙が埋まらないということもあった。

たった一度だけではあるが、迷いながらも何とかいったん判決を書き上げ、タイピストの方にタイプ（当時はワープロはなかった）してもらったが、判決言い渡しの朝、どうしても決心がつかず、後日結論の違う判決を言い渡したことがあった。言い渡した多くの事件は結論も内容も記憶が薄れた、というよりはほとんどの事件は忘れてしまったが、この事件だけはおおまかな証拠の内容や争点などは今でも記憶に残っている。

その後弁護士になって社会経験を積むと、あるいは当初書いた判決の結論がより社会の実態に近かったのかなとの思いを抱くこともあるが、この事件に関しては私にとっては今でも真相は〝藪の中〟である。

こんなことを書くと、受け止め方によっては裁判不信を招くかもしれないが、結論を迷ったことのない裁判官の方が少数だと思う。しょせん神ならぬ人間が裁いているのである。ただ、ほとんど全部の裁判官が何とか真実を発見しようと日々努力していることは今も昔も変わりはない。だからといって、裁判所に行けば神様が裁く如くなにもかも真実が明らかになると考えるのもいささか期待過剰のように思われるが、いかがであろうか。

困難な判決予測――裁判官の考え方に幅

弁護士の悩みでは何といっても判決予測の困難なことである。

依頼者の方からすれば勝てるのかどうかということは一番の関心事であり、弁護士としても当然それにこたえなければならない。

依頼者から事情を聴いた段階で、よほどのことがない限り勝てるだろうと思われる事件、あるいはどうみても勝てそうにないと思われる事件であっても、いざフタを開けてみると逆の結論になることもある。それだから、どっちに転ぶかわからないというときには本当に困る。私は、自分の思いをできるだけ正直に（ただし、負けそうなときは、できるだけ傷つけない表現を選んで）言うようにしているが、やはり予測と違う結果の出ることもある。

予測と違う結果になるのは、私自身の見方の誤りももちろんあるが、一つには相手方からの情報がなく、自分の依頼者だけの情報で判断せざるを得ないことにもある。依頼者が意図的に隠していたものではないにせよ、裁判中予想しなかった証拠が相手方から出されることがある。これも最初から言ってくれれば、ある程度対応できることもあるが、いきなり出てくると、依頼者の方は思いのほか平気な感じなのに弁護士の方がびっくりすることがある。

二つには、裁判官による事件の見方の違いがあることである。このことについては同じ事件なのに地裁では有罪、高裁では無罪といった事件の報道で、真実は一つなのになぜそんなことになるのか不思議に思われたことがあったかもしれない。結局これは裁判官の見方の違いとしか言いようのないことである（やったのかやらないのか真実を知っているのは被告人本人だけである）。

民事は、多くの刑事事件のようにある一時点でのことをとらえるのではなく、事件の流れがあるのが普通なので、その分だけ裁判官の判断の幅が広くなるように思う。

私も、時効は成立する可能性は少ないと依頼者に説明していた事件で、地裁で負けてしまい、高裁で逆転勝訴した経験が二回ある。これなど一時は依頼者の信用まで失いかけて大変な思いをした。当然のことながら、依頼者は裁判官の見方の違いなどといったことでは納得してくれず、地裁の判決はおかしいと私としては思いながらも、高裁の判決が出るまでは内心は落ち着かなかった。

刑事事件で執行猶予まず間違いなしと思っていたら、あにはからんや実刑ということで泡を食ったことがあった。これも高裁では執行猶予三年ということになったので（執行猶予期間は最高で五年であり、実刑とのギリギリの事件では執行猶予期間は五年か少なくとも四年くらいにはなるのが普通なので、高裁からみると地裁の判決は重すぎたということになる）ようやく胸をなで下ろしたことがあった。

率直に言って、自分が裁判所にいたときは、これほど裁判官の考え方に幅があるとは思っていなかったので、私にとっても驚きの一つであった。

大変な依頼者との対応――説得の難しさ痛感

弁護士の仕事で、一番大変なのは、相手との対応ではない。相手との対応はたとえ激しい言い争いになろうが、それは当初から予想されることである。私も人の子なので腹も立てるが、相手との関係で対立するのは当然であり、依頼者からすれば相手とすぐ仲良くなるようではなんのために弁護士に依頼したのかわからないということもある。では何が苦労かと言うと、実は依頼者との関係、対応なのである。これは、裁判官時代には全くわからなかった。裁判官のときには当事者というのは弁護士の言うことを聞き入れるものと思っていた。けれども、弁護士の現実はそんなものではない。この点は他の弁護士にも尋ねてみたが、皆私と同じようなものだった。

まずひとつに、弁護士に費用を払えば必ずいい結果が出るものと思っている方がいる。しかし、弁護士の仕事は相手があることだから弁護士が入ったからといってうまくいくとは限らない。極端な場合、弁護士が入ったことが相手の感情を刺激してかえって悪化することもある。裁判にしたって同じこと。当然のことながら勝つこともあれば負けることもある。なお、ついでながら弁護士は大安の日に訴状を裁判所に出すというような縁起かつぎはしない（司法書士の先生に聞くと取引は大安の日が多く、忙しいとのこと）。双方が大安の日に訴えを起こせば両方ともが勝つなどということはあり得ない。

最初にかなり説明しているのであるが、金を払った以上はそれなりの結果が出るだろうということを期待している人は意外に多い。

建物ならば途中雨が降っても遅ればせながら建つが、弁護士の場合は必ず〝家が建つ〟とは限らない。しかし、なかなかそこのところがわかってもらえない。このうまくいかなかったときの説明なり了解してもらうのが大変なのである。少数ながら、他にやり方はなかったのかという人もないではない。こちらとしては全力を尽くしたつもりであるだけに、一番辛いときである。特に当方の見通しと違ったときなどなぜこんな判決が出るのだろうと思いながらも、依頼者の目に耐えるばかりである（依頼者は口では了解してくれていても、目は納得していない）。

それから、どうも負けそうな事件のとき、裁判所が勧めてくれている和解に乗ったらどうかと依頼者の説得にかかると、和解条件が当方側にとってあまりいい条件でないときなど、どちらの弁護士だとしかられてしまう。

しかし考えてみると、依頼者はお客さまなのである。弁護士も依頼者あってこそであり、その意味では〝客商売〟であり、〝人気商売〟ですらある。金を払ったお客さまが無理をいうのはある意味では当然である。決して弁護士だけが例外ではない。自分がわからなかったことをいうのもどうかと思うが、裁判官のなかには弁護士がなぜ依頼者を説得できないのかというような顔をする人がいるが、弁護士は裁判所から説得してもらいたいのである。

弁護士は〝不自由業〟――休めずお金の苦労も

私の苦労の一つに全く仕事を休めないということがある。これはどの仕事でも同じと思うが、休むと周りに大きな迷惑をかけるからである。証人尋問が予定されているのに、休むと、相手の弁護士、予定していた証人、裁判所と、他の人に大きな迷惑をかけ、裁判も遅れてしまうことになる。私も生身の人間なので、年に何度かは風邪をひく。風邪のため、夕方の打合わせなどを変更してもらったことは少なくないが、風邪で裁判を休んだことは一度もない。三八、九度の熱があっても裁判所に行くしかない。起きるのも辛いのにその日の証人尋問などは本当にしんどい。われながら、因果な仕事に就いたものと思うが仕方がない。今まで裁判を欠席したのは、盲腸の手術のときと、過労で入院したときだけである。二日酔いのときもあったが二日酔いで休むなど夢のまた夢である。以前「○○○（胃薬の商品名）にしますか電話にしますか」といったコマーシャルを見たことがあるが、電話一本で休めることを恨めしく思ったものである。

そのうえ、私自身は、かなり多忙である。この本の執筆者の一人である井上二郎弁護士が「弁護士の一日」を書いておられるが、あれは決して誇張でも何でもなく、ごく平均的な姿である。現在のところ土曜、日曜といったものもほとんどない。この原稿も日曜日に書いている（他の日はなかなか時間が取れないので）。〝月月火水木金金〟という歌があったが、ほぼそれに近い。

普段の日は裁判所（多いときは一日四、五件ある）や依頼者、相手方の対応などでまとまった書類を書く時間はない。それでどうしても土日に書類を書くことになる。私にとって弁護士は決して自由業ではなく〝不自由業〟である。

それなら、入るものが入ってくるのだろうといわれることがあるが、これがまた全くダメである。元裁判官などというのは仕事はそれなりにやれてもお金のもらい方が下手らしい。前項で書いたように〝客商売〟であるならば、いただくものは当然いただかなければやっていけないことになるのであるが、事件処理の経験は積むことができても、お金をもらうことについてはあまり進歩がない感じである。報酬を〝踏み倒された〟ことも非常に少ないながらある。その結果、多忙を極めているにもかかわらず、「今度のボーナスどないして払おう」というようなことになる（一緒に頑張っているスタッフに迷惑をかけられないため何とか支払ってはいるが）。このボーナスにしても給料にしても裁判官時代はもらう一方で給料日を待つ状態であったが、払う方に回ると次の給料日が来るのが非常に早いのである。弁護士はお金の苦労など無縁だろうと思われるかもしれないが、私にとっては、決して無縁のものではない。

このような苦労がありながらも何とかこの仕事を続けているのは、私の仕事を喜んでくれる依頼者があるからである。そのうえ正当な報酬をもらえればいうことはない。しかし、なかなかこうはいかないのが現実である。

裁判官の社会経験不足――弁護士活動で世間常識を

いただいた投書の中に法律家、特に裁判官はもっと世間を知るべきだとのご意見があった。約束手形の金額欄に「壱百円」と書かれ、その右上段に「¥1,000,000―」と書かれ、百円の収入印紙（当時、十万円未満の手形は印紙は不要）をはったものがあった。裁判では、この手形が百円の手形か百万円の手形かが争いになった。昭和五五年ころの話である。そして、最終的にこの手形は百円（百万円ではない）の手形ということになった。最終判決は昭和六一年最高裁判決である。

この判決は、手形法という法律の解釈と手形の厳格性という点からは多分間違いとはいえないであろう。しかし、世間常識からはかけ離れているというのが普通の感覚ではないだろうか。複数の裁判官の中には、百万円の手形とすべきとした最高裁判事もあったのである。

では、どうしてこんな判決（法的には間違いとはいえなくても世間の常識からは考えられない判決）が出てくるのかといえば、一つには裁判官の社会経験の不足によるということになろう。

裁判官の多くは比較的早い時期に司法試験に合格し、私も含めほとんど社会経験を積まないうちに、裁判所ではベテランの職員の方よりもいわば一段高い扱いを受ける。このように〝純粋培養〟されると、裁判官自身は善意であるとしても、〝経済行為についてはびっくりするほど無知〟

というようなことになってしまうのではないだろうか。

では、どうすればよいだろうか。私自身は、少なくとも五年程度の弁護士経験を有する者のなかから裁判官を選ぶことにすれば、かなりの程度に社会経験を積んだ裁判官となると思う。もちろん弁護士にしても紛争を通じての社会経験であり、すべての社会現象に通じることなどできるわけがないし、その人その人なりの価値観、人生観というようなものもあるから、弁護士をすれば必ず社会常識豊かな裁判官になることが保証されるとは限らない。

しかし、弁護士経験がないよりずっとましだと思う。以前、弁護士からの任官者が、法律論は先輩同僚裁判官に及ばない面があっても、事実認定（どちらの言っていることが真実かを見極めること）については当初からの任官者ほど苦しまなかったといったことを書いていたように思う。これも生（なま）の事実や紛争を経験しているので、一体何が真実かということが判断しやすかったのであろう。さらに、弁護士任官者は比較的当事者の言い分に耳を傾けてくれる人が多いといったことも耳にし、また経験するところでもある。私自身の経験に照らしても、もし弁護士を経験してから任官しておれば、裁判官時代に書いた判決で事実認定を見直すものが出てくるようにも思われる。

専門家はどうしても私も含めて自分の専門領域に閉じこもりやすい。〝専門バカ〟と言われることのないよう今後とも自戒していきたいと思っている。

弁護士の「中立」を考える——公正に依頼者の立場で

ご意見の中に、弁護士はもっと公正、中立にしてもらいたい、あるいは公正、中立と思っていたのにそうではないというのもあった。

これも、読者の皆様としてはもっともなご意見と思う。私自身も裁判官のときはそう思うことがあったが、実態は少し異なっているようだ。これについては本書の執筆者によっても意見に微妙な差があるように思うが、私の全く個人的な思いとして率直なところを書いてみたい。

テレビなどで出てくるのは、〝社会正義の実現〟そのものを体現しているような弁護士が多い。しかし、現実の事件処理（私の場合は民事が主なので民事事件を中心に）は、依頼者から相談があると、まず依頼者のために弁護士としては何ができるかを考えることになる。困って相談に来ているのだからどうしてもその人の立場で考えざるを得ない。ここでもう既に中立ではなくなっているのである。これを依頼者からお金をもらうからそうなるのだろうと考える方があるかもしれないが、お金の問題ではない。だれだって紛争に巻き込まれるのは嫌なものである。目の前にいる相談者が困っていれば、いささかおこがましい言い方であるが、何とかしてあげなければ、あるいは依頼者とともに何とかしようとの気持ちがなければ弁護士などやっていられない。ときに、依頼者の代弁そのものといった弁護士も見かけないではないが、それをもって弁護士の職責に反しているとは決めつけられないであろう。

私の場合は、依頼者が法的に許されないこと（例えば財産隠しの方法を尋ねに来る人もないではない）を求めてくれば断固拒否するが、そうでなければ法の許す範囲でその依頼者のためにどのようなことができるのかを考えて行動に移すことになる。依頼者の言い分だけで訴えを起こすなというご意見もあった。裁判を起こす前に相手方と折衝することもあるが、その場合でも事実認識などに相違があれば、原則として依頼者の言い分をもとに訴えを起こすことになる。原告訴訟代理人、被告訴訟代理人という言い方をするが、弁護士は基本的に依頼者の代理人であって、裁判官のような中立の立場には立ちにくいのである。それでも、依頼者の方に無理があると思われる場合などには、依頼者の意にそわぬ方向で説得にかかるのであるが、前にも書いたように〝どっちの弁護士だ〟としかられてしまうのである。

このように、本音で言えば私自身は公正のつもりではあっても、中立という点ではそうではなく、あくまでも片方の代理人なのであり、公正ということもあえて言えば依頼者の立場を基本とした公正にしか過ぎない。だからといって、相手方の無知につけこむようなことは絶対にしてはならない。依頼者の利益をできるかぎり守りながら、一方、弁護士のモラルとしての公正さは守りたいと考えているものである。

社会常識を注入――市民参加の裁判を期待

今、法曹一元ということが新聞紙上などをにぎわしている。法曹一元というのは要するに主として相当の経験を有する弁護士などに裁判官になってもらおうとする制度である。ではなぜ、そのようなことがいわれるのだろうか。裁判を経験したことのない多くの読者の方にはわかりにくいかもしれないが、裁判を経験した方には、「裁判官は全然わかってくれない。世間の常識はそんなのではないのに」というような思いを抱かれた方が案外多いのではないだろうか。いいかえれば、今の裁判官は世間を知らなさすぎる、もっと世間や経済のことをわかった人に裁判をしてもらいたいということである。そこで出てくる議論の一つが法曹一元である。

世間を知った人に裁判をしてもらうには、職業裁判官のほかに社会経験豊かな市民が加わって裁判をするという方法もある。たとえば、今の調停制度は、一人の職業裁判官と複数の調停委員（調停委員は弁護士の場合もあるが、そうでない一般の方の場合がずっと多い）による調停委員会でなされるのが通常であり、ここには市民の社会常識が注入されることになる。調停委員会は裁判のように最終的に白黒を決める決定権はないが、もし決定権を持つようになると、市民参加の裁判となる（これを参審制という）。ただこれには法的整備も必要であろうし、裁判を受ける側が、法律についてはアマチュアである人が決定権の一翼を担う制度には心理的に抵抗を持つかもしれないといった問題もある（もっとも私はこのような制度の実現には大いに期待している）。

社会常識を裁判に持ち込む別の方法として先ほどの、社会経験のある弁護士などを裁判官の供給源にするという方法がある。もちろん、弁護士などの経験があるからといってすべての社会事象に通じているわけではないが、より社会事象に通じやすいことも事実と思う。言ってみれば、裁判官は、温室育ちである。証拠をもとに何が正しいかを判断する事実認定で苦しむことはあるが、社会の荒波にもまれることはあまりない。

たとえば、今でも裁判官に用事のあるときは、いったん書記官室を通すのが普通であり、裁判官がいきなり当事者から言い分などをぶつけられたりするということは、まずない。私が裁判官をやめて弁護士になり、いきなりいわゆる堅気でない人と交渉にあたったときには驚いた。今までプールで泳いでいたのが、逆波荒れ狂う大海に投げ出されたようなものである。正直言って、どう交渉してよいのかわからなかった。しかし、これも繰り返しているとだんだんコツというかツボのようなものがわかってきた。

今、裁判官の人が同じように交渉に当たるとしたら、おそらく私の最初の場合のようにとまどうだろう。最初から逃げ腰になる人もいるかもしれない。何もこのような交渉に限らないが、たとえばこのようなことも裁判官として社会経験の一つとして知っておくことは決して無駄ではないように思われる。

裁判官の中立性——法廷外見学も時に有益

裁判官は世間知らずといわれるが、むしろ裁判官自身が中立性のために世間から遠ざかろうとしているようなところもある。

少年事件の担当裁判官がいた。その裁判官は、少年暴走族の実態を知りたいと思って警察署に頼んで、夜間、パトカーで暴走族の集まりそうなところに連れていってもらった。二輪車暴走族の集団は、パトカー（赤色灯はつけていない）に気付くと無灯火のまま、くもの子を散らすように走り去った。四輪車の集団のところにはパトカーといえども一台では取り締りなどをすると危険とのことで、あまり近くには寄らなかった（裁判官を乗せていたから余計に慎重だったのかもしれない）。見学したことはその後の裁判をするうえで大いに有益と思った。

ところがこのような実態見学については、いわば捜査側に依頼して見学などに行くのは、捜査側に立っているとみられかねず、裁判官の中立性について疑問を持たれることも考えられる、あるいは裁判官というのはあくまでも法廷にあらわれた証拠に基づいて判断すべきで、暴走族の実態に先入観を持っていると疑われるような法廷外の実態見学は望ましいこととはいえないとの意見もあった。見学に行った裁判官は実は私である。あとの方の考え方にも一理あるとは思うが、読者のみなさまはどうだろうか。

また、以前サラ金問題が大きく取りざたされたころ、当時一部のサラ金業者がしていたといわれていた夜中の電報による支払い催促、玄関先への督促状の張り付けなどで借り主が非常に困り、おびえている者もいる事態にどう対応していったらよいかという、ある公的団体が主催した協議会に裁判官が参加した。これも実は私である。参加者の中には他の裁判官もおり、行政の担当者もいた。

ところが、これについても裁判官がそのような会に参加するのはどうかという意見があった。理由は、貸主と借り主のうちの一方の立場に立ったようにもみられる協議会に参加することは裁判官の中立、公正らしさということからみて問題があるのではないかというものであった。いわれてみればそのような面もあるのかもしれない。しかし、私自身は法廷に出てくる書類だけではなしに、借り主がどのように訴えて弁護士や行政のところに来ているかを知ることは裁判官として決して無駄ではないし、中立性を害するということもないと思う。もちろんどんなことでも先入観を持つことはよくないが、それと実態を知るということとは別のもののように思われるからである。

裁判官には〝公正らしさ〟を求めるあまりの故か、つい殻に閉じこもってしまいそうな傾向があるように思われる。裁判官はもっと自由に世間の事柄に触れる方が、より国民の信頼を得やすいし、事実を認定するうえでも益するところが大きいと思われるがいかがであろうか。

物的証拠を中心に判断――生の事実から真実を

裁判官が世間知らずにみえる事情の一つに、裁判官は基本的に契約書などの物的証拠を中心に判断する傾向が強いことがある。

例えば、ある裁判官は「事実認定について書証（書いたもの）などの物的証拠を中心に判断する。証言については真実かどうか判断するのは難しい。もし〝書いたもの〟を作らなかったのなら、それは作らなかったことの責任として負けても仕方がないのではないか」というようなことを言っている。また、ある裁判官は「もし判断が間違っても、〝間違ってもやむを得ない〟あるいは〝仕方がない〟といわれるように間違うべき」とも言っている。これも結局は、書証中心の裁判、すなわち契約書や領収書などの〝書いたもの〟がない場合は負けても仕方がないということになるのだと思う。以上のことは裁判官からすれば、当然すぎるほどのことかもしれない。

しかしである。当事者が裁判を起こすのはそういう書いたものがないからこそ、裁判に訴えることが少なくないのである。おそらく読者の中にも〝書いたもの〟がないばかりに悔しい思いをした方がきっとおられると思う。真に事実を訴えている当事者にとっては、〝書いたもの〟がないから貴方の言い分は認められないといわれたのでは、何のために裁判を起こしたのかわからない。〝書いたもの〟ももちろん大事であるけれども、証言の中からもどちらの言い分が正しいのか見極めて欲しい、あと頼れるのは裁判所だけなのだからというのが当事者の偽らざる心情である。

しかしながら、裁判官の立場からは、証言では、自分に都合のいいことしか言わないからあまり重要視はできず、どうしても客観的証拠（書いたもの）に頼らざるを得ないというのもまた事実である。ここに裁判官の事実認定についての苦しみがある。

弁護士から裁判官になった人の場合はどうだろうか。ある先輩は、こう言っている。「私は、どうやら事実認定については同僚の裁判官ほど悩んでいないらしいことに気づいた。私の場合はこの悩み（事実認定の悩み）は、はるかに少ないようであり、これは二五年半の弁護士生活を通じて自然に培うことができたものである」。この思いは、私としても同様である。前に、弁護士経験の後の任官なら、裁判官時代に書いた判決で事実認定を見直すものが出てくるかもしれないと書いたのと通じるところである。

裁判官の中には事件を通して事実認定の能力を培うという人もいるが、私は法廷に出てくるのは生のどろどろした事実ではなく、いわば法律的にいいとこ取りをした上澄みの事実なので、法廷に出てくる事実だけで事実認定能力を培うのは難しいと考えている。

やはり、生の事実を直接扱ったことのある弁護士などの経験者の方が背景事情も含めて事実をつかみやすいと思う。これも法曹一元を進めたい事情の一つである。

裁判官の社会経験不足、その二――生の事実に迫る大切さ

これまで日本の裁判官の社会経験不足ということを書いてきたが、裁判官のために言っておくと、日本の裁判官は皆勉強家であり、おそらく法律専門書を開かない日はまれだろう。私自身の経験からしてもそうしないとやっていけないし、仲間うちでも結構法律の論議をしているものである。裁判官から大学教授に転ずる人もあり、法律にかけては日本の裁判官は勉強好きで優秀だと思う。ただやはり社会経験の不足は否み難く、これは今の制度の中では宿命的なものとも思われる。

そこで、弁護士などの経験者から裁判官になってもらう法曹一元の話が出てくるのであるが、社会経験があるから立派な裁判官になれるかというと、ことはそう単純なものではないかも知れない。

しかし、当事者から直接話を聞いたり、自分で調査をしたりする弁護士などと、基本的に法廷に出された書類などを中心に事実を判断する裁判官とでは、事実の持つ迫力を経験する深さにおいてやはり相当の差があるように思う。この欄で、私がいわゆる堅気でない人と交渉したことについて触れたが、直接自分が面と向かって交渉してみると、法廷あるいは新聞、テレビなどで知識として持っていたイメージは上っ面のものであったことを身に染みて感じたものである。ある

高名な民事裁判官が若いころの思い出として、父の債務のため高利貸と交渉した経験があることに触れ、〝このことがなければ裁判官本来の傍観者の立場しか知らぬままであったはずの私も、債務者の心理を知ることができた。ことに高利貸のやり口を実地に体験したことが民事裁判官としてプラスになったことは確かである〟とし、このときの経験をもとにお金の貸し借りに関する最高裁判所の判決について反対の批評文を書いたことがあることを法律雑誌に書いておられた。これもやはり自分で経験することが大きいことを示すものといえよう。

弁護士などは、当事者そのものではないが、当事者から直接聞いたり、時には自ら調べたりするため生の事実に比較的近く、いわば当事者に準じた経験が可能である。そのような経験が具体的にどのように裁判に生かせるかとなると、なかなか難しい。が、先程の民事裁判官の話も一つの例だろうし、また相当重要なことでも世の中結構電話確認や口頭了解で動いているということは弁護士になってからはよく経験するところであり、書いたものがないからと一概にそんな事実はなかった（判決の用語でいうと、その事実は認めるに足る証拠はない）とすることにはかなり慎重になると思う。もちろん前にも書いたように弁護士などの経験があっても知ることができる社会事象は知れたものである。その意味で本当は裁判は地方裁判所の民事事件の原則となっている単独体ではなく合議体で担当することが望ましいと思われる。今の裁判官の人数では実現できそうもないが、将来的には考えてもよい課題の一つではないだろうか。

裁判官にふさわしい人——当事者の悩み十分理解

いわゆる法曹一元制度を取り入れた場合、具体的にはどのようにして弁護士などから裁判官になってもらったらいいだろうか。

今は、原則として希望者が弁護士会の推薦を得るという方法によっている。また、本書の執筆者の一人である井垣康弘判事は、仮定の話として、〝裁判官選考委員会〟によるということを書いておられる。

もちろん、どのような方法によるにせよ、裁判官にふさわしい人になってもらうということはいうまでもない。例えば、弁護士に向かないから裁判官になるとか、考え方の基本が〝上からの発想（いわゆるお上的あるいは形式的な発想）〟になるような人は私は裁判官としてもどうかと思っている。弁護士に向かない人というのは、私は一つには当事者とともに苦しみ悩むのが苦手の人と思う（当事者と全く同様になるほどのめり込んでしまっては弁護士として本来判断すべき事柄まで見えなくなってしまうが）。性格的に非常にクールな人はあくまでも論理的に物事を考えなければならない研究者などには向いても、当事者の悩みや苦しみを十分理解したうえで公正中立に裁判をしてもらいたいと思っている裁判官には向かないだろう。そして、〝上からの発想〟が強い人というのは、むしろそれを避けるため法曹一元を実現しようとしているのであるから私たちが考える裁判官としてはふさわしくないと思う。

　裁判官にふさわしい人となれば弁護士としても依頼者から頼りにされ、それなりに活躍している人が一つの目安になるだろう。そのような弁護士は依頼者とのきずなを断ちにくいということもあるだろうが、ひとつの方法として、井垣判事も書いておられたように比較的弁護士数の多い事務所から率先してあるいは推薦により（例えば裁判官選考委員会ができれば、裁判官にふさわしい弁護士を第三者が推薦し、委員会の方から当該弁護士に意向を問い合わせるなど）任官してもらうというようなことが考えられる。

　一人で事務所を開いているような場合は、任官はそれまでの依頼者の事案を他の事務所に引き継がなければならない面はあるが、意のある人に裁判官になってもらう（もちろん推薦も可）とともに、〝非常勤裁判官〟ということであれば可能性は大きいと思われる。要するに弁護士をしながら、例えば月曜なら月曜だけ裁判官として勤めるという方法である。これは今でも例えば弁護士をしながら調停委員になっている例はいくらでもあり、これを調停委員ではなく裁判官としての仕事をすることになると〝非常勤裁判官〟の実現となる。

　非常勤裁判官について中立や公正さは保てるかと疑問に思われる読者がおられるかもしれないが、その点は調停委員でも公正中立は守られており、問題はないと思われる。

　裁判に市民感覚を注入することは大事なことと思うので、読者のみなさまからもご意見が寄せられることをおおいに期待している。

Ⅲ章　裁判への市民参加

井上二郎

井上二郎（いのうえ　じろう）
1937 年　大阪生まれ
1960 年　早稲田大学第 1 法学部卒業
以来、商社、メーカーなど会社勤務 10 年
1969 年　司法試験合格
1972 年　弁護士登録（大阪弁護士会）

商社、メーカー……転々して――司法試験、三二歳、挑戦四度目で合格

目の前の答案用紙を見ると、書き終わったはずの文字が消えてしまって真っ白になっている。これは大変だと思って時計を見るとあと三分しかない！　司法試験での場面だ。いまでもこんな夢をときどき見る。それほど私にはしんどい試験だった。

商社に勤めていた私は、ハンコ社会にいささか腹を立てていた。「商社は若い社員に大きな権限を持たせて仕事をやらせる」と聞いて学校を出てすぐ商社に就職した。だが聞くのと見るのとは大違い。何を決めるにも書類にハンコがずらりと並ぶ。その数が多いほどハンコを押す人は安心らしい。そこでハンコの数が増えていく。そして一体だれが決めているのかわからなくなる。

「こんなのは無責任体制の象徴だ」と言ったら上司から大目玉を食った。そのころ二八歳。商社を飛び出しメーカーに転職した。海外営業開発部、プラント輸出を担当した。だがそこもハンコ社会、いや商社よりもっとひどい。そのままずっと辛抱できそうにもないので、考えた。何か一人で出来る仕事はないか、と。

友人と横浜で会社をつくり、ある輸出の仕事をやろうと計画した。今でいう一種のベンチャービジネスだ。だが資金がまったくないので、銀行に相談したら簡単に断られた。やむをえず、また考えた。お金がなくて一人でやれる仕事はないか。そこでやっと思いついた。「自分は法学部の

出身だった。司法試験を受けて弁護士になろう」と。わずかの貯金をはたいて法律書を買い込んだ。学生のときいくらか興味を持っていた刑法の本から読み始めたが、ほとんどわからない。学生のときはあんなに時間があったのだから勉強しておけばよかったと、このときほど痛感したことはない。だが後悔先に立たず。これではいけない、勉強しなければと思ったが、なにしろ会社は残業続きで時間がとれない。もっとも残業といっても無駄が多い。上司が帰らないと、帰りたくても帰らないでなんとなくダラダラと仕事をするという具合だ。

そこで外国商社の日本支社に転職し、鉄鋼製品の輸出入や食品原料の輸入に関する仕事をした。勤務時間中は猛烈に忙しかったが、残業はしなかった。そこで見る外国人社員の仕事ぶりには感心した。日本の会社とは勤務時間中の仕事の密度が違い猛烈に働く。そのかわり残業はまずしない。

そんなわけで、会社勤めをしながら司法試験の勉強を続けた。その間転職もしながら、結局合格までに四年かかってしまった。三回続けて落ちたわけだが、三回目には、さすがに楽天家でいつも食欲だけは旺盛（おうせい）な私も、ガックリきてしばらくは食事ものどを通らなかった。しかし会社のイギリス人やスウェーデン人の同僚や上司にも励まされ、四年目の挑戦でやっと合格した。この時三二歳。会社勤務九年目であった。

弁護士になって二五年になる。試験の夢を今でも見るのは、この三回目に落ちたときのショックが大きかったからであろう。

遺産の分割に新システム――「たたき台」方式で迅速化

初対面であいさつを交わし弁護士の名刺を出すと、「専門は何ですか」と聞かれることがよくある。私は「専門はありません」と答えることにしている。お医者さんの内科、外科などの診療科目のイメージを持って聞かれるのだと思うが、わが国の弁護士は、その数が全国で一万数千人とお医者さんに比べて少ないこともあってか、一部の分野を除いて、専門分化されていない。だから大部分の弁護士は、民事、商事、行政、労働、刑事事件など幅広く多くの分野の仕事をしている。

今回は民事の中で家庭裁判所が扱う家事事件とその改革の動きを述べてみたい。私は昨年ある遺産分割事件を扱った。数年前父親がかなりの遺産を残して亡くなり、相続人は四人。相続人間に反目があり、遺産をどう分けるか話し合いがつかない（プライバシーを守るため、この設例はフィクションである）。

そこで、相続人の一人から依頼を受けた私は、大阪家裁岸和田支部に他の相続人を相手方として調停を申し立てた。申立書には分割方法についてのこちらの希望とその理由も書いておいた。第一回調停時期が約一ヵ月後と決められた。

申し立てをしてから二週間ぐらいすると、調停委員から「遺産分割案を作ってみたから、説明したい」との連絡があり、分割案を手渡され説明を受けた。

私はそれまで多くの遺産分割の調停事件を担当してきたが、第一回期日前に調停案を示されるなどというのは初めての経験だったので、驚きと戸惑いもあったが、とにかくその分割案を根ほり葉ほり検討した。そこには不動産の評価もきちんと記載され、各相続人への分割方法と分割額の案が、簡単な理由とともに示されていた。

分割案はこちらの希望に全部が沿うものではなかったが、なるほどこれは合理的と思われる内容であった。私はその分割案と私の検討結果を依頼者に説明すると、依頼者もその場で納得し、この分割案を受け入れることを第一回調停期日前に調停委員に伝えた。調停委員の話では相手方からも調停案受け入れの意向が示されているという。予定どおり第一回調停期日が開かれ、その場で円満に調停が成立した。

この経験は私にとって新鮮な驚きであった。

遺産分割事件は時間がかかるというのがこれまでの「常識」だったからである。申し立てから一ヵ月で解決というのは、画期的なことで、依頼者にとっても私にとってもうれしい誤算だったわけだ。

そこで私は、調停委員と裁判官にこの分割案の作成がどのようなシステムで行われるのかを聞いたところ、これが大阪家裁岸和田支部で調停委員、裁判官、弁護士らが工夫を重ねて編み出した「たたき台方式」という新しい解決システムだということを知った。速くて当事者が納得する紛争解決のシステムをどうして作り出していくか。さらにこれを勉強しようと、裁判官、弁護士、学者らがメンバーとなって昨年、「家事調停改革実務研究会」が発足した。私も早速この会に参加した。

嫁・姑の争い深刻でも――夫は傍観者になるな

今回は「私が見た最近の離婚事情」を述べてみたい。男性への辛口批評でもある。

昨年の人口動態統計推計値によると、昨年一年間の離婚件数は二〇万六〇〇〇組とはじめて二〇万組を突破、人口一〇〇〇人当たりの離婚件数も一・六五といずれも史上最高になったという。

最近は働く女性が増え、経済的にも夫に頼らなくてもよい人が多くなり、女性の自立心が強くなっているのに、男性の意識がそれについていかない。離婚が多くなった原因は、一言で言えば、夫の無理解に我慢しない妻が増えたということであろう。そこには、「進んだ妻に遅れた夫」の姿が浮かび上がる。

三〇歳代の夫妻について、そのトラブルの原因を探ると、やはりなんといっても「嫁・姑（しゅうとめ）」の確執がその背後にある。「嫁・姑」問題は、常に古くて新しい問題のようだ。男は結婚しても母離れせず、姑のほうも子離れができない人が多い。最近の少子化傾向がこれに拍車をかけている。妻は、姑とは世代も違うのだから意見や生活感覚が違うのは当然だと割り切っている。だから、特に気が強くなくとも、姑にずばり自分の意見も言う。

このため姑との間でトラブルが起きても、夫が自分に少しは理解を示すなら、まだ我慢もできる。だが夫はそれから逃れようとして、傍観者的態度をとる。傍観者ならまだしも、母にべったりで自分の意見がなく、姑と一緒になって妻にあたる夫が多い。そのくせ夫は、自分は「気の強い」妻のために苦労が絶えないと思いこみ、「この子は嫁にいじめられてかわいそう」という母と一緒に強い被害者意識を持つ。こんな主体性のない夫に妻は我慢ができなくなるのは当然であろう。問題は、自分の意見を持たない、持とうとしない夫にある、と私は思う。

夫の定年後に離婚願望を持つ熟年の妻も多い。夫は永年「家族のために」会社人間、仕事人間といわれながらも、家庭のことは妻に任せて、ひたすら働き続けてきた。だからこそ、家も持てた、子どもも学校を出せた、自分たちのこの働きが日本の経済成長を支えてきたとの自負もある。そこで定年になった。さてこれから、子育てを終えた妻と文字どおり夫婦水入らずの生活をしよう、妻もこのときを楽しみに待っていたのだ、と満足感にひたっている夫。

そこにある日突然妻が「別れたい」と言いだした。「なぜだ!」、役員会議で突然解任決議をされたワンマン社長のように、夫は叫ぶ。まるで事態が分からないのだ。妻は、家ではメシ、フロ、ネル、だけの夫、会話の相手にもならない夫にその定年までは我慢してきた。だがもうイヤ、これから自分の生き方をしたい! 永年かけて妻は自分の世界を作っていたのだ。夫は、妻も自分とは別の人格を持っているという、当たり前のことをつい忘れていたらしい。男性が今の意識のままでは、離婚は、今後も増え続けるであろう。

賃金の新体系導入阻止へ――地域労働組合に加入を

Aさんは先端技術を駆使する職場のエンジニア、働き盛りの四〇代後半の男性、勤続約二五年。Aさんの会社の給与体系が来期から全面的に見直され、従来の給与のうち年功部分が大幅に削られ、業績給と称する部分が増えて基本給が減らされる。新体系によると、Aさんの場合、これから定年まで昇給はほとんどなくなり、定年時の退職金は従来の基準で計算した額の三分の二に減ってしまう。

他方、三五歳くらいまでの社員にとっては毎月の給与がいくらか増える人もある。会社の業績は決して悪くなく、むしろ向上している。会社の説明では、これからの国際競争に打ち勝っていくために給与体系を合理化するのだという。だが新体系は、Aさんの世代以上の人たちにとっては不利益なことばかりで、明らかに中高年の追い出し策だ。

なんとか反対して新体系の導入をやめさせたい。会社に労働組合はない。同じ世代の同僚たちはみんな反対だが、反対の声を上げると会社からいやがらせをされるので黙っている。新体系の導入を阻止するためにどうすればよいか。自分一人でも反対したい、という。

私は、こんな不利益な新給与体系への変更は合理性がなく、一方的に変更してもそれは無効であるとの私の見解を意見書にしてＡさんに渡し、それを会社に見せて反対の意思を表明すること、それとＡさんのために会社と団体交渉をしてくれる地域労働組合に入るよう、Ａさんにアドバイスした。

ある大手企業の営業マンＢさん、四三歳。年俸制の導入によって、いままで給与のうち固定給的部分が約七割、業績給的部分が三割程度だったのが大部分が業績給的なものになる。そうなると、これまでと同じ給与を得ようと思えば、いままでより少なくとも三割以上多く働くことになり残業時間も増えるが、残業手当は月一〇時間までと限られており、あとはサービス残業になる。

Ｂさんの会社には労働組合がある。年俸制に反対してほしいと組合に訴えたが組合幹部は取り合ってくれないどころか、会社の方針に反対するなと言わんばかりの態度だという。年俸制は、毎年社員一人ひとりが上司と話し合って年俸額を決めるもので、そうなれば、労働組合と会社が対等の立場で団体交渉により給与を決めることが出来なくなる。

「プロ野球の落合選手や清原選手のような社員ばかりなら問題はないだろうが、上司と「対等」の立場で自分の給料交渉できる社員がどれだけいるだろうか。このような年俸制に労働組合が賛成するのは、労働組合の役割放棄であろう。

Ａさん、Ｂさんたちの権利を法的に守るためにどうすればよいか。働く人の立場で労働問題に取り組む弁護士が直面する課題は大きく重い。その後、Ａさんから「会社は新給与体系の導入をしばらく見送り、再検討することになった」との知らせがあった。Ａさんは地域労働組合に入り会社と団体交渉が行われた。その確かな成果である。

裁判官と市民〝心の窓〟開こう――権威確立は審理の質で

この本のタイトルは「裁判所の窓から」となっているが、実は裁判所には窓がないところが多い。と言っても裁判所の建物に窓がないわけではない。裁判所の中での中心的な施設である法廷には窓がないところが多い。

例えば、大阪地方裁判所や大阪高等裁判所の法廷は、なぜか周囲が壁ばかりで窓がない。はじめて法廷を訪れる人には、それが重く感じられるのではないか。窓のない法廷を作った人は、そのほうが重厚感があってよいと思ったのであろうか。だが法廷は、あまりに「重厚」すぎていささか世間とズレているところがある。

まず裁判官が黒い法服姿で一段高い席に入ってくる。すると法廷係の職員が「起立!」「礼!」と叫ぶ。法廷にいる人たちに裁判官に対して起立して礼をせよというわけだ。だが、礼は互いに自然に交わすもので、ひとから言われてするものではない。

権威付けのためにこんなことをしているのであろうが、裁判の権威は当事者の言い分をよく聞いて、当事者の納得できる裁判をすることではじめて生まれるもので、市民に礼をさせることで生まれるものではない。

法廷にいる人たちと裁判官は互いに市民同士であって、先生と生徒のような関係ではないのに、こんなふうに起立、礼をされると、される裁判官のほうも気恥ずかしいだろうにと、私はかえってそのことが気になる。少し前のことだが、法廷を見回して全員が起立、礼をし終えたのを確かめてから、おもむろに自分が礼をするという「重厚」な裁判官もいたが、さすが最近はこんな人はいないようだ。

それに、これは証人として裁判所に呼ばれた私の友人が「裁判所とはなんと非常識なところか」と憤慨していたことだが、法廷で証人として質問されるまえに、いきなり裁判長から「名前は？」と聞かれる。人違いでないことを確かめるために、名前を聞かれるのは当然だが、人を呼びつけておいて名前を聞くなら、「私は裁判官の〇〇ですが」とまず自分が名乗るべきではないか。それが市民社会の常識ではないか、というわけである。そのとおりだ。だが、自分が先に名乗る裁判官を私はまだ見たことがない。

刑事事件の被告人の名前を呼び捨てにする裁判関係者がいまだに多い。最近は新聞やテレビでも〇〇被告と言って呼び捨てにはしていない。被告人も有罪判決が確定するまでは無罪の推定を受けているわけだから、呼び捨てにするのはよくないことだ、と私は思う。

法廷に窓がなくても、裁判所と市民の間に心の窓、意見を交換する窓を作ろう。最近、市民の側から裁判ウオッチングの会ができて活発に法廷の傍聴をしている。

法廷の雰囲気をよくしようと、自分の担当する事件の法廷に花瓶をおき花を生けている裁判官もいる。裁判所を親しみの持てるところにするために、われわれ市民のほうからどんどん意見を言おう。

歴代助役は府の職員――地方自治には無益

弁護士として国を相手の訴訟や住民訴訟などでお役人相手の訴訟をしていると、私にはお役人世界の不合理さがいやでも目につく。だからついお役所にもの申したくもなる。私がもの申した最近の例を一つご紹介したい。

私は大阪府の南部の町に住んでいる。この町では助役の座が歴代、大阪府の職員によって占められ、それも二年で次々と他の大阪府職員と交代する。それが二〇年近くも慣行として続いているという。府下の他の市町村でもこのような例が多いと聞く。

助役は、府でいえば副知事にあたる要職であり、議会の同意のもとに町長によって選任され、町長を補佐し、町の職員の仕事を監督するなど重要な職務を担っている。地方自治法で助役は自治体職員との兼職を禁じられているので、府の職員は形式上は府を退職して町の前役になるが、法律で助役の任期は四年と定められているのに、これを無視して二年で大阪府に戻る。

二年では、やっと町の事情や助役としての仕事を覚えかけたところで辞めることになる。助役の仕事はわずか二年で容易に覚えられる程度の簡単なものではないはずだ。これでは助役としての任務を果たせるとは思えない。

都道府県と市町村は、決して上下関係や支配関係にはなく、両者は対等な立場で、住民の福祉を推進するという共通の目的に向かって協力してそれぞれの仕事を分担し合う関係にある。町は府と対等の自治体であり、府から指導や監督を受ける立場にはない。

国の官僚が都道府県の幹部に、都道府県の職員が市町村の幹部に出向する、この悪習を断ち切らないと、今その必要が叫ばれている「地方分権」やほんとうの意味での地方自治の実現はおぼつかない。

それに助役の給料は高額で、助役になると府職員のそれよりもかなり高い。府の職員による助役交代制は府職員に順番に高給を得させる福利厚生にはなっても町の「地方自治」にとっては有害無益だ。

私はこのように考え、府の職員が助役になり二年で交代する慣行は地方自治の本旨に反すると批判して今年の九月、町民の一人として町長に公開質問状を出した。

一ヵ月あまりで町長から文書で回答が来た。それによると「本町として府に助役適任者の割愛を要請し」ており、「あくまでも本町の事情により、特に府にお願いして」「府職員の割愛を受けている」ので、「府側の事情などにより任期が二年になるのはやむをえないと考えている」という(人を派遣することをお役所言葉では「割愛」と言うらしい)。

地方自治と地方分権という観点からみて、今のような助役選任のあり方でよいのかについて町長の意見を聞きたかったのだが、その点についての回答はなかった。
なぜ二〇年近くも、二年ごとに「本町の事情により特に府にお願いして」府職員の「割愛を受け」、助役の座を府職員の指定席にしておくのだろうか。やはりどこかおかしい。

弁護士　ある一日――難しい判決の予測

弁護士は日々どんな仕事をしているのかとよく聞かれる。そこで最近の私のある一日をご紹介したい。これは普通よりやや忙しいときの一日である。朝九時半、事務所に着く。机の上に顧問をしている会社の担当者から届いたばかりのファックスがおいてある。新しい営業拠点を作るのに他社と業務提携をしたいが、法律上の問題点を至急チェックしてほしいとの依頼で、提携契約書案がついている。

一〇時には法廷に出なければならないので、契約書案に急いで目を通し検討を要すると思われる個所と、そこをどうすればよいかはあとでファクスすると担当者に電話で伝え、事務所の職員に私が法廷に出ている間に文献を集めておくよう頼む。

九時五〇分、事務所から法廷まで五分で行けるので、訴訟記録をカバンに詰めて法廷に向かう。この時間は法廷に行く弁護士たちのラッシュアワーで裁判所のエレベーターは満員。一〇時の法廷は民事事件の弁論で、約一〇分で終わる。民事事件では弁護士は自分の主張を書面（これを準備書面という）で提出しているので、通常、法廷では「私の主張はこの書面のとおり」ということで弁論は終わる。

一〇時二〇分、事務所に戻る。一〇〇〇万円のつもりで保証人になったら三〇〇〇万円を借りられていたというAさんの事件の打ち合わせ。一一時半、刑事事件の公判準備のための打ち合わせ。午後一時、昼食。一時半から労災損害賠償請求事件の弁論のため法廷へ。相手方から医師の鑑定意見書とともに分厚い準備書面が出ている。こちらもこれに反論する準備書面を書くことになる。

この日は、まず大丈夫勝てると思っていた民事事件の判決の日。二時半、判決を聞く。予想に反し負けていた。ショックだ。三日前には、負けるかもしれないと思っていた民事事件の判決があり、これは勝っていた。判決の予測はむつかしい。訴訟は生き物で進行途上でどんどん状況や様相が変わるからだ。

三時、山林の所有権をめぐる民事訴訟の弁論で高裁の法廷へ。一審はこちらが勝ったが相手方が控訴したもの。二審になってから相手方は猛烈な反撃をしてきている。一審で勝ったからといって決して気を抜けない。

四時、離婚事件で相手方の弁護士と交渉、できるだけ裁判ではなく話し合いで解決しようと交渉している。だが離婚の条件をめぐって双方の意見の溝がなかなか埋まらない。さらに解決に向けて互いに努力しようと、交渉続行を決める。

五時、文献を読みながら朝約束していた契約書を検討。文章化しファックスで送る。六時半、外国船籍の船会社の代理店からの法律相談約一時間。八時近くになると電話もあまりかからなくなるので、やっと落ち着いて机に向かって書面を書けるようになる。

訴訟記録を読み、判例や学説を調べながら約二時間ワープロをたたき続ける。たたき終わって、同僚弁護士と近くの飲み屋でチョット一杯。帰宅は一一時。

供述調書――思わぬ「不利益」も

「右の者に対する○○被疑事件につき、○年○月○○警察署において、本職は、あらかじめ被疑者に対し自己の意思に反して供述する必要がない旨を告げて取り調べたところ、任意次のとおり供述した」「右のとおり録取して読み聞かせたところ、誤りのないことを申し立て署名指印した」

これは、警察官が被疑者を取り調べたときに作成する供述調書といわれるものの冒頭部分と終わりの部分の決まり文句である。

被疑者とは捜査機関から罪を犯したのではないかと疑いをかけられている人で、その人が起訴されると被告人と呼ばれることになる。被疑者にも被告人にも黙秘権が保障されているので、取り調べを受けてもなにも話さないことができるし、言いたくないことは言わなくてもよい権利がある。また供述調書に署名を求められても、署名する義務はない。

被疑者が警察で取り調べを受けて話をすると必ず供述調書が作られる。そして裁判になれば、この供述調書が証拠として法廷に出されることになる。供述調書は被疑者が取り調べに対して言ったことがそのまま記載されているという建前になっている。だから供述調書の内容は、被疑者にとっては大変重要なもので、裁判の結果や自分の運命がそれによって決められてしまうことにもなる。それだけに供述調書にはなによりも被疑者の言ったことが正確に記載されていなければならない。

ところが実際には、供述調書には取り調べに対し自分の言ったことが、決してそのまま全部書かれるわけではない。自分の言ったのとは違う意味のことが書かれていたり、言ったことが書かれていなかったりすることがある。自分は違うと思っても警察官がそう言うのだから仕方がないと思っていると、あたかもはじめから自分がそう言ったかのように書かれてしまうこともある。例えば交通事故でも、警察で調べを受けてこのような経験をした人も少なくないと思う。

裁判では、供述調書に書かれているようなことを被疑者がほんとうに言ったのかどうかが争われることも多い。実際に言ったことと供述調書に書かれた表現のちょっとした違いが、被告人にとって思ってもみなかった大きな不利益となることがある。警察では間違ったことを書かれてしまったが、裁判になれば裁判官なら間違いだと説明すれば分かってくれると思うのは甘い。供述調書に署名を求められても、供述調書の内容に少しでも自分の言ったことと違うことが書かれていれば、署名しないことだ。もともと供述調書に署名する義務はないのだから。

被疑者の言うことを警察官が代わって書くというやり方が、そもそも間違いのもとだ。被疑者の言ったことを正確に残しておきたいのなら、取り調べの状況を全部録音しておくというのが正しいやり方だと思う。供述調書という証拠の取り方をやめないと、この国からえん罪はなくならないと私は考えている。

住民監査請求――公金支出に監視の目

地方公共団体の住民は…地方公共団体の職員について、違法もしくは不当な公金の支出…があると認めるときは、監査委員に対し監査を求め、…必要な措置を講ずべきことを請求することができる。

これは住民監査請求を定めた地方自治法の舌をかみそうで読みにくい条文を、分かりやすく抜き出してみたもの。

私たちが暮らしている自治体は、私たちの納める税金によって運営されている。私たちは「取られる税金」には関心を示すが、その税金の使われ方についても、もっと関心をもつべきだ、とはよく言われることだ。

カラ出張、裏金づくり、官官接待、公共工事の談合による高値発注など、役所による税金の無駄遣いの報道に接すると、じつに腹立たしい気分になる。こんなときに役立つのが地方自治法が定める住民監査請求という制度だ。政治や行政の善し悪しは私たちの納めた税金がどう使われるかによって決まる。

私たち住民が、自分の属する市町村や都道府県が税金を本当に住民のために使っているかを厳しく監視することは、民主主義にとって大切なことだ。監視することによってはじめて、民主主義は生き生きとしたものになる。

自治体に違法や不当な公金の支出があると思われるときは、これをやめさせたり、支出した公金を返還させたりするよう監査委員に請求することができる。これは住民であればだれでも、そして一人でもできる。手続も簡単だ。

いつどのような不当または違法な公金の支出があったかということと、それをやめさせるのか、返還させるのか、どのようにさせたいかなどを一〇〇〇字以内に書いて、これを裏付ける証明文書（例えば新聞記事でもよい）をつけて自治体の監査委員に提出すればよい。すると、監査委員は請求人に意見を述べる機会を与えなければならないので、一〇〇〇字で言い足りなかったことはその機会に口頭で言えばよい。

監査委員は請求があった日から六〇日以内に必ず監査をして、その結果を公表しなければならない。単なる陳情だと役所は何もしないで握りつぶしてしまうこともあるが、この住民監査請求では必ず回答を出さなければならないから、住民としても手ごたえを感じることができる。そして、もし監査委員の監査の結果などに不服があるときは、監査請求をした人は一定期間内に裁判所に訴訟を起こすことができる。

これが住民訴訟といわれているもので、この訴訟の型はいろいろあるが、その典型的なものは、違法に公金を支出した責任者である知事や市長、町長個人を被告にして、損害賠償としてそのお金を自治体に返せというものだ。これまで、住民訴訟で負けて自治体にお金を返せと命ぜられた市長さんもいる。

それほど、住民の税金を預かる行政の責任は重いということだ。税金を使う人たちに、その使い方について緊張感をもってもらいたい。そのために、私たち住民はもっとこの住民監査請求を活用したいものだ。

役割大きい株主代表訴訟――手数料は一律八二〇〇円

最近、わが国の著名大企業のいくつかで総会屋への利益供与が発覚し、これら企業の取締役や幹部社員が次々に逮捕され、総会屋と縁を切らない経営者の体質が大きな社会問題となっている。

総会屋の存在はわが国独特のものだ。社長は株主総会を株主になるべく質問や議論をさせずに二～三〇分の短時間で「シャンシャン総会」で終わらせせようとする。そこに総会屋がつけこむ。総会屋にわたる金が暴力団の資金源になっているといわれている。大企業の社長や役員の保身の姿勢が総会屋をはびこらせてきたといえる。

企業の多くは株主総会を同じ日に一斉に開く。今年六月二七日には三月期決算の東証上場企業の九五％に当たる多くの会社が一斉に総会を開いた。これは総会屋が株主総会に出席しにくくするためだが、しかしこれでは一般の株主にも総会に来るなと言っているのと同じだ。複数の会社の株を持っている株主は一社の株主総会にしか出られなくなるからだ。

これでは、総会屋のために一般の株主の権利を犠牲にしていることになる。こんなやり方はやはりおかしい。先日の国会で、総会屋に利益を与える行為について懲役刑が強化されたり、罰金の額が大幅に引き上げられるなど総会屋排除を強めるための法改正が行われた。これに違反すると刑罰を科せられるばかりか、取締役の場合、民事上も会社に対して賠償責任を負うことになる。

取締役には、法律や株主総会の決議を守り会社のために忠実に職務を行わなければならないという厳しい義務が課せられており、これを善管注意義務・忠実義務という。取締役がこの義務に違反し、会社に損害を与えたときは、本来会社がその取締役の賠償責任を追及すべきものだ。だが通常、会社は取締役となれ合ってそれをしない。

そんなとき、六ヵ月前からその会社の株式を持っている株主は会社に代わって取締役の責任を追及する訴訟を起こせる。これが株主代表訴訟だ。九三年の法改正によってこの訴訟で裁判所に納める手数料（印紙代）は一律八二〇〇円ですむことになった。それ以来多くの株主代表訴訟が起こされた。ゼネコン汚職、デパートや証券会社の総会屋への利益供与、製薬会社の非加熱血液製剤販売などで起こされた株主代表訴訟が記憶に新しい。

著名大企業の重役さんたちは、社内で大きな権限と権威を持ち、社会的地位も高く、その発言が社会に与える影響も大きいものがある。しかし、それだけに外部から批判されることが少なく、いわばお山の大将で、ただ一つ批判される場が株主総会である。だからこれを「シャンシャン総会」で終わらせようとする。だが、これからも総会屋に利益供与して、こんな総会をやろうとする重役さんたちは、株主代表訴訟によって厳しく損害賠償責任を問われることになろう。

株主代表訴訟が大企業の役員の姿勢を正すのに大きな役割を果たしていることに注目したい。

「ロス疑惑」の逆転無罪——弁護の本質に理解を

先日「ロス疑惑」の銃撃事件で三浦和義さんに東京高裁で逆転無罪の判決があった。この事件は、週刊誌、テレビのワイドショーなどによる、過熱した「疑惑」「調査」報道が先行し、これら報道が引き金になって捜査が始まり、銃撃事件発生約七年後に、自白もなく凶器や銃撃に関する目撃証言など直接証拠がまったくないのに、情況証拠だけで殺人容疑で起訴された事件だ。激しい報道合戦が先行したことで「三浦さん＝犯人」というイメージが社会全体に作られてしまい、「犯罪報道と報道される側の人権」の問題を強く浮き彫りにした事件でもある。

高裁判決は「報道に接した者が最初に抱いた印象は簡単に消えるものではない。それどころか、最初に抱いた印象を基準にして判断し、逆に公判廷で明らかにされた（事実の）方が間違っているのではないかとの不信感を持つ者がいないとも限らない」と述べているが、私もまったくそのとおりだと思う。むしろ「ロス疑惑」報道によってほとんどの人は「三浦さん＝犯人」と思っていたのではないか。ここにマスコミによる犯罪報道の恐ろしさがある。

私も刑事事件の弁護を担当し、その事件がたまたま、新聞、テレビ、週刊誌などで報道されたとき、「報道に接した者が最初に抱いた印象」によって弁護士として悔しい思いをすることがある。どんな事件でも、必ず被疑者や被告人には言い分があり、それに、はじめに報道された内容とは事件の様相がかなり違う場合も多い。これらはその後の裁判の過程で明らかにされるのだが、マスコミは事件が起きたときや被疑者が起訴されたときは報道するが、その後の裁判の過程を詳しくフォローして報道することはあまりない。だから、「報道に接した者が最初に抱いた印象」が「被告人＝犯人」とのイメージを作り出し、これがひとり歩きをすることになる。

刑事裁判は、その人がほんとうに「犯人かどうか」を調べるために行われるのであり、裁判でその人が犯人だと決まるまでは、犯人として扱ってはならない。「被告人」とされた人も有罪判決が確定するまでは法律上、無罪の推定を受けているのだ。このことは近代国家における刑事裁判の大原則である。だが、残念ながらこの原則は守られていない。「報道に接した者が最初に抱いた印象は簡単に消えるものではない」からであろう。

その人たちから「弁護士はなぜあんな悪い奴を弁護するのか」「弁護の余地はないはずだ」「弁

護士は黒を白といいくるめるのか」などと「非難」を浴びせられることがある。私も何度かこのような経験をした。だが、白が黒となることが絶対にあってはならないし、また、黒を白にできるものではないし、すべきでもない。

被告人はだれでも、法律の定める手続により正しい裁判を受ける権利がある。私たち弁護士は、被告人とされた人たちのこの権利を守るために、弁護に取り組んでいる。だが、これが世間にはなかなか理解されないようだ。

裁判官の「市民的自由」——市民みんなの問題

大阪ではあまり報道されていないが、今、裁判官の世界では大変なことが起きている。

仙台地方裁判所の裁判官が今年四月の休日に、組織的犯罪対策三法案に反対する市民集会に出席したことで、これが裁判所法が禁止する「積極的に政治運動をすること」になるとして五月、仙台地方裁判所から懲戒の申し立てを受けている。憲法は市民の言論、表現、集会などの自由を保障している。市民が自分の考えを自由に述べ、また政府や政党の政策を批判したり、ある法案について賛成にしろ反対にしろ、自分の意見を自由に述べることは、民主主義の基本であり、これがなくては民主主義社会は成り立たない。

この懲戒申し立ては「裁判官の市民的自由」を侵害するのではないかと、大きな議論を呼んでいる。問題は「裁判官の」市民的自由の問題ではなく、裁判官を含む私たち市民みんなの自由の問題である。法案反対の市民集会に参加した裁判官は、裁判官として参加したのではなく、休日に一市民として参加したものだ。裁判官も当然のことながら、一市民として言論、表現、集会の自由を保障されている。新聞やマスコミが世の中の出来事を自由に報道し、社説や論説で自由にその意見を表明するのも、私たちが政府や政党の政策を批判したり、自分の意見を自由に述べることができるのも、言論、表現、集会の自由が憲法によって保障されているからだ。だが、権力を持っている者は自分たちが批判されるのを嫌がり、あるいは自分たちの都合のために、ややもすれば私たち市民のこれら自由を制限しようとする。権力の不当な行使から私たち市民の権利や自由を守るのが裁判官の職務である。その裁判官自身が、一市民として法案について意見も言えない、集会にも参加できないという不自由を強いられるのでは、市民の権利、自由を守るという裁判官の職責を果たすことはできないであろう。みずから自由を持たない者あるいはそれを奪われた者が、他人の自由を守れるはずがない。だから、裁判官の市民的自由は、すなわち私たち市民みんなの自由の問題なのだ。

いま議論されている、いわゆる組織的犯罪対策三法案は「盗聴法」案をも含み、これは犯罪捜査のために、裁判官の発する令状があれば、電話などの盗聴さえできるというもので、市民生活に重大な影響を及ぼす内容のものだ。それは決して裁判官の令状さえあれば安心というものではない。裁判官の令状発布の実態がどのようなものか、それを最もよく知っているのは裁判官である。その実態を市民に明らかにして、いわば情報公開の一環として、市民が法案の賛否を決める参考に供しようとするのは裁判官の社会的責務であると私は思う。懲戒などすべきではない。ところで、裁判官自身の問題でもあるこの懲戒申し立てに関し、現職の裁判官から抗議や意見の声が上がっていないようであるが、なぜだろうか。「もの言えば唇寒し」でなければよいが、私にはそれが心配でならない。

市民の批判必要な司法の世界――「非常識」に気付かず

いま、首相を選ぶことになる自民党の総裁選挙の真っ最中だ。三人の候補者がテレビに出演して討論し自分の政策を述べている。これに対し、コメンテイターや視聴者からいろんな批判や意見が出る。私はこれを見ていて、司法の世界ももっと市民の批判にさらされないといけないと思った。裁判の記事が新聞に載らない日はないほど、裁判は市民の関心を呼ぶ出来事であるが、司法の世界は政治の世界ほど批判にさらされることがないようだ。

人間は批判されないとつい、自分の非常識に気がつかないものだ。弁護士、裁判官、検察官を法曹三者というが、政治家に比べると批判されることが少ないせいか、法曹三者にも結構非常識な人がいる。私もその一人かもしれないので、自省の気持ちを込めて非常識だと私が思う例を紹介したい。

まず弁護士の例から。日々の仕事で弁護士から電話がかかってくることが多いが、なかにはこちらを電話口に呼び出しておいて平気で待たせるのがいる。事務職員から「○○弁護士から電話です」と言われて電話に出ると、相手は「お待ちください。○○弁護士と替わりますから」と言ってこちらを待たせる。その弁護士は私に電話をかけるのに自分でかけないで、事務職員の人に電話をさせて私が出るのを待ってから自分が出る。社会人としての礼儀のイロハである電話のマナーさえ知らないのだ。

次の検察官の例。ある刑事事件の法廷で検事が被告人に質問するのに、実にぞんざいな言葉遣いで被告人を怒鳴りつけている。裁判においては被告人と検察官は対等の当事者だ。私はその場で「被告人は裁判を受けるために法廷に来ているのであって、あなたに怒鳴られるために来ているのではない。言葉遣いに気をつけてもらいたい」と抗議したが、その検事は何がいけないのか、と言わんばかりの顔をしていた。市民の眼から見れば自分の言動が常識からずれていることが分かっていないらしい。

裁判官の例。民事事件の判決言い渡し期日が延期されることがよくある。裁判所の書記官から前日か、時には当日になって「判決言い渡し期日を変更します」と電話がある。延期する理由の説明はまったくない。判決言い渡し期日は事件の当事者にとっては待ちに待った日である。それを何の説明もなく書記官の電話一本で延期する。判決言い渡し期日を延期するということは、裁判官が約束の日までに判決を書かなかったということだ。それなら裁判官自身がなぜ延期するのかを自分で説明するのが、これまた社会のマナーであろう。

政治の世界では「永田町の常識は世間の非常識」と批判されているが、「司法の常識は世間の非常識」となっていないか、を法曹三者は常に点検しておく必要があるだろう。専門家意識が強すぎると、批判に耳を傾けず、つい自分たちだけの「常識」を作ってしまっていないか、それが気になる。

身柄を拘束された被告人――「人質司法」は人権侵害

この連載は、弁護士または裁判官の仕事上の悩みを素直に語ろうというもの。私にとって仕事の上で、悩みというより腹立たしいことが多い。その一つに刑事裁判における「人質司法」といわれるものがある。被疑者が逮捕、勾留されて起訴されると、弁護人としてまず考えることは保釈の請求である。刑事裁判では、被告人は裁判の当事者として検察官と対等の立場にある。その被告人が身柄を拘束されていては、裁判に臨む準備をすることが甚だ困難であるし、裁判での検察官の主張に反論するために必要な活動をすることも不可能である。

身柄を拘束されたまま裁判に臨むのは、両手を縛られたまま土俵に上がり相撲を取れというのと同じだ。だから刑事訴訟法は、起訴後保釈の請求があれば、例外事由がない限り、裁判所は保釈を許可しなければならないと規定しており、これを権利保釈という。だが、この「権利」は十分に守られていないのが実情だ。被告人が検察官の言い分（公訴事実）は事実と違うといって争うと、裁判所は保釈を認めないという傾向が強い。

第一回公判期日で検察官の言い分を否認したり、弁護人が、検察官が法廷に提出しようとする証拠書類に同意を与えなかったりすると、裁判所は、被告人が証拠を隠滅するおそれがあるという理由で保釈を認めない場合が多い。弁護人から見ると被告人が証拠を隠滅するなど、そんな大それたことをするなどとは全く考えられない場合でも、裁判所は保釈を認めない。

そこで被告人は窮地に陥る。身柄を拘束されていることは実につらい。実際には刑罰を受けているのと変わらない。被告人は一日も早く身柄拘束から解放され、自由な身になって裁判に臨み、検察官の言い分が間違っていることを明らかにしたい。だが、検察官の言い分が間違っていると言って争うと保釈されない。身柄を拘束されていることのつらさに耐えかね、つい争うのを止めて「検察官の間違った言い分を認めてしまってでも、とにかく保釈されたい」という気持ちになりがちだ。

弁護人は面会の際、被告人のこの気持ちが痛いほど分かる。それだけに、弁護人もつらい。ほんとうにつらい。だが、検察官の間違った言い分を認めてしまったり、間違ったことや被告人の言い分と違うことが書かれた証拠書類に弁護人が同意を与えてしまうと、もはや裁判では検察官の言い分に反論することもできなくなり、被告人の権利は守られない。そして法廷は被告人に極めて不利な、そして間違った裁判をするための単なる儀式の場になってしまう。

このように保釈を認めず、被告人を窮地に陥れるやりかたを「人質司法」という。これはえん罪の温床でもある。検察官の言い分が間違っていると思う場合、これを否定し争うのは被告人の権利である。なのに、権利を行使すると身柄拘束が続くという重大な不利益を受ける。こんな不合理がまかり通ってよいのか。実に腹立たしい「人質司法」は、弁護士をいつも悩ませている。

締め切りに追われる弁護士――日々の仕事で〝訓練〟

弁護士というと、しゃべるのが仕事だと思われがちだが、実際はそうではなく、仕事の多くは文章を書くことだ。弁護士の仕事のうち訴訟についてみても、民事事件では自分の言いたいことは、すべて書面に書かなければならないし、刑事事件でも正確を期するためにやはり書面を書くことが多い。訴状、答弁書、準備書面、主張書面、趣意書、理由書、意見書、冒頭陳述書、弁論要旨などなど、種類も名称もさまざまだが、仕事のうち多くのエネルギーが文章を書くことに費やされる。

そして、これらはいつ書いてもよいというものではなく、その多くに必ず提出期限、締め切りがある。だから、私の生活はいつもこの締め切りに追われることになる。一つを書き終えてほっとする間もなく、また次の書面の締め切りが目前に迫っている。昼間、法廷に出たり電話に出たりしている間の時間を見つけて、書面を書ければよいのだが、不器用な私にはそれがあまりできない。だから、まとまった文章を書くのは、どうしても夜か休日ということになる。

午後八時、事務所で書面を書きながらこの時間が私にとっては魔の時間である。このまま書き続けようか、それとも食事に出ようかと迷う。食事に出るとつい一杯飲みたくなり、飲んでしまうと事務所の机に戻る気分にならなくなるからだ。調子よく書けているときはそのまま書き続けるが、どうもよく書けていないときはつい食事に出て、きょう書けないところは休日に書けばよいと思ってしまう。

金曜日の夜、帰宅するときのカバンはほんとうに重い。土曜日、朝から晩まで自宅で書面を書くために訴訟記録と文献を入れているからだ。私は日曜日は完全に休むことにしているが、土曜日と祝日などは一日中書面書きに追われている。

弁護士になって二〇数年、締め切りに追われる生活には慣れているので、とくにつらいとも思わない。だから文章を書くのにも、いくらか慣れてきてもよいはずだが、こちらはどうもそうはいかない。いまもって文章を書くのは実にむずかしいと、つくづく思う。頭のなかで考えていることが、なかなかすらすらと文章にならない。書いているうちに考えが変わってきて書き直すこともしばしばある。長い時間をかけてやっと書き終えた文章を読み返してみると、なんと説得力のない文章かと、われながらガックリしてまた書き直したりもする。夜中にハッと目が覚めて「こう書けばよい」と思いつくこともある。

最近、しゃべるとそれを聞き取り、文章にするコンピューターが開発されたそうだが、もう一歩進んで、頭のなかで考えたことをそのまま文章にしてくれるコンピューターがあればよいのになどと、むしのいいことを考えている。どうすればわかりやすく説得力のある文章が書けるか。それは、日々の仕事のなかでみずから訓練するしかないと自分に言い聞かせている。

無原則な「規制緩和」——民主主義の危機を招く

この連載に、読者から体験にもとづく多くの意見や感想が寄せられた。そこで私も最近考えていることを書いてみたい。今たいへんな不況のなか、バブル経済の後遺症、「規制緩和」の弊害とみられる深刻な話が多い。

Aさん。バブルのころ相続税対策になるからと銀行から強く勧められ、借り入れをして所有地にマンションを建てた。だが今になって入居者が減ってしまって家賃が入らず、予定していた銀行への返済ができないばかりか地価が下がってしまい、担保不足だと銀行から言われている。やはり相続税対策になるからと銀行から勧められ、自分の土地を担保に借り入れをして、銀行関係者から紹介されるままゴルフ会員権や変額保険につぎ込んだが、みんな大損が出た。担保に入れた土地は競売されてしまい借金だけが残った。財産がなくなってしまったから相続税など心配しなくてもよくなり、これこそ究極の相続税対策だったと苦笑するBさん。銀行から借りては返済し、借りては返済をと順調に取引を続けてきたが、ある日突然融資を断られて資金繰りがつかなくなり、これでは黒字倒産だとくやしさをかみしめるCさん。こんな状況になってしまったのは明らかに国の政策ミスだ。最近、銀行はそれなりの批判もされ、経営者の法的責任も追及されるらしいが、国はまったく責任を取らないのか。国の政策ミスを追及して国に損害賠償を求める訴訟を起こしたいがどうかというDさん。

いま「規制緩和」、それも「例外なき規制緩和」推進の大合唱が行われている。まるで規制緩和が不況の救い神であるかのように。そして規制緩和を批判する者は守旧派のレッテルをはられてしまいそうな風潮だ。だが、大店法による出店規制が緩和され、近くに大ショッピングセンターができた。従来の商店街の客足はめっきり減り、そこに店を持つEさんは結局店を閉めざるをえなくなりそう。このままではその商店街は「シャッター通り」となってしまう。自営の人たちだけではない。「規制緩和」の波はサラリーマンにも及んできている。労基法が「改正」され、裁量労働制が導入されることになった。裁量労働制とは、賃金は働いた時間に応じて支払われるのではなく、仕事の成果を評価して支払うというもので、言ってみれば残業手当の支払いを少なくしようとの意図で導入され、サービス残業を合法化しようとするものだ。女性の残業や深夜労働の規制もなくなる。無原則な「規制緩和」は、市場原理至上主義をもたらし、政策や政治家の言動が民意によってではなく「マーケット」の反応によって評価されることになる。ある政策が発表されても「マーケット」の反応が冷たいと言って評価されない。だが、マーケット（株や円・ドルなどの市場）に参加できるのは少数の「持てる者」だけだ。そんな「マーケット」が民意の上に君臨している。これは民主主義の危機ではないか、と私は考えている。

せめぎ合いの和解交渉——民事事件の六〜七割解決

私は、学校を出て一〇年、その間いろんな職種を転々とした。商社マン、貿易の仕事、通訳、自動車メーカーでの仕事などなど。それから弁護士になった。以来約二六年になる。つくづく思うことは、どの仕事もそれぞれつらいことも楽しいこともあるということだ。会社勤務のころは、弁護士は「自由業」だからさぞ自由な仕事なのだろうと思っていた。なるほど勤務時間が決められているわけではなく、上司がいるわけでもないので、その意味では自由だが、それだけにかえって長時間労働になることも多い。ときには仕事のことが気になり夜中にハッと目が覚めて思いついたことをメモしたりなど、気苦労も多い。だが、楽しいこと、この仕事をしていてよかったと思うことも結構多い。今回はそんなときのことを書いてみたい。

困り果てた様子で心配で夜も眠れない、と言って相談に来た人の話をじっくり聞いてみる。すると、そんなに心配しなくともちょっとしたことで解決する事案であることが分かったので、それを説明し取るべき方法をアドバイスした。その相談者は晴れやかな表情で「安心しました。これで今晩からぐっすり眠れます」と言って帰り、数日後に「すべて解決しました」と知らせてくれた。こんなとき自分の知識がお役にたったのだと思うと、ほんとうによかったと、うれしくなる。民事事件で訴訟を起こし、勝訴判決を得たときはもちろんうれしい。だが事件の性質によっては、勝訴判決を得ても相手がそれに従わないとき、強制執行をしても判決どおりの結果を実現できない場合がある。判決は最終的には裁判官が決めることであるし、予測が難しい。ときには当事者にとってまったく予想外の判決が出ることもある。それに和解のほうが解決が早い。そのようなこともあって、民事事件では、紛争を和解で解決する場合が多い。民事事件の六〜七割は、判決によってではなく、交渉による和解で解決されていると思われる。事件を和解で解決したほうがよいと考えたとき、弁護士は、それぞれ自分の依頼者の利益のために、相手方弁護士との間でねばり強い交渉をする。ときには訴訟の場合以上に、激しい議論を戦わせながら交渉をする。

この意味で和解交渉は、弁護士にとっていわば戦場の一つだと言ってもよい。そこは、法律知識はもとより、経験、事件の見通し、信頼性など全人格的なものが試される場でもある。とりわけ複雑な事件や当事者の立場、利害が激しく対立する場合の和解交渉は、その途上で決裂一歩手前という場面になることもあり、そんなとき決裂か交渉継続かで、事件の見通しも踏まえてのぎりぎりの判断を迫られる。神経を使うし、何よりも気力が必要となる。このとき気力の源となるのは、やはりなんと言っても依頼者との信頼関係である。その信頼のもとに、相手との激しい交渉を経て和解が成立し事件が解決したとき、この仕事をしていてよかったとしみじみ思う。

社会経験の少ない裁判官――目線高く権威主義的

いまの裁判制度の一番の問題は、裁判官しかしたことがない人が裁判をしていることにあると思う。裁判官、弁護士、検察官になるには司法試験に合格して、司法修習生という二年間（今年から一年半になる）の研修を終えることが必要だが、裁判官になる人は修習生からいきなり裁判官になる。司法試験に合格するまでに他の職業を経験するなど社会経験を積んだことのある人はきわめて少ないから、ほとんどの裁判官は社会経験を積まないまま裁判官になる。

裁判官は、市民集会に出席して発言したり、社会運動に参加することなどは慎むよう求められているし、仕事の場でも法廷で一段高いところにいるから、弁護士や検察官と違って市民とじかに接することは少ない。そして、裁判官になれば、一年目から一人で、逮捕状を出したり、仮処分などの裁判ができるし、三人の合議体の一員として裁判をすることになるが、大丈夫かなと思う。

今の裁判官はみんな多くの事件を担当しているから、若いときから裁判官としての訓練を受け、裁判官としての経験を積んでいく。だが、むしろ問題はそこにある。たしかに裁判官はまじめで清廉だ。仕事熱心な人が多い。しかし、法律の仕事、とりわけ判決は専門性が高いこともあって、同じ専門家である弁護士や検察官から批判されることはあっても、世間一般から批判されることが他の職業に比べて少ない。弁護士は事件に負ければ依頼者から批判され、ときにはボロクソに言われる。

裁判官は、よく言えば純粋、まじめ、世間ずれしていない。だが批判的に見れば、世間の荒波にもまれていないから、その目線が高く、ときにはこっけいなほどエリート意識が強い。市民感覚とずれていて、そのわりには弁護士や検察官と違って強烈な個性が見られない。だが自分には権威があるものと思いこんでいるふしがある。経験を積んだ裁判官にこの傾向が強い。

ある民事事件で裁判官から和解案が示された。その裁判官いわく「この和解案で本人を説得してください。もし説得できないなら、本人を連れてきてください。私が説得しますから」。その裁判官は本人と会ってもいない。私は即座に「本人からじかに話を聞いている私に説得できないものが、どうしてあなたに説得できるというのか」と言い返したら、その裁判官は奮然として席を立って部屋から出ていった。

また、民事事件で最高裁で和解をしたことがある。双方の弁護士が何回も交渉して和解案を練りに練ってそれを裁判官に示した。その裁判官は双方の弁護士が最も苦心して作った条項の表現を変えようとするので、それを変えてもらったら困ると言ったところ、その裁判官は「ここは最高裁ですよ」という。私は「だからどうだというのですか」と言ったが、その権威主義にはあきれた。

最近、何年か弁護士を経験した人が裁判官になるケースが出てきている。弁護士から裁判官を選ぶ制度がこれから政府の審議会で審議される。大いに期待したい。

裁判への市民参加を考える――参審制、ぜひ実現を

今回は裁判への市民参加を考えてみたい。

裁判は事実を認定してそれに法律を当てはめる作業だ。事実の認定を間違った裁判はそれ自体、裁判の自殺行為だといえる。事実の認定を間違えた裁判は、そこにいくら立派な法理論が述べられていても、当事者に納得してもらうことはできないし、市民の裁判に対する信頼を根底から揺るがすことになる。

裁判における事実の認定は、もちろん法廷に現れた証拠に基づいて行われるが、それは何も法律の専門家でなければできないものではない。ある証拠からある事実を認定するのに必要なのは、法律の知識よりも、社会人としての健全な常識である。極端な言い方をすれば、事実の認定をするにはむしろ法律の知識は邪魔になることさえあるともいえる。

例えば、A証人とB証人の言うことがくい違っている場合、どちらの証言が信用できるかなどということを判断するのに必ずしも法律の知識は必要ではない。また、交通事故で前の車が突然急ブレーキをかけたとき、後続車の運転者はどういう行動をとるのか、あるいは友人に借用書なしに金を貸したが、その友人は借りたのではなく、前にこちらが貸していた金を返してもらった

だけだという。どちらが本当なのか、などというのも別に法律の知識がなければ判断できないものではない。

むしろ、社会経験を積んで社会の出来事をいろいろ体験、見聞している一般市民のほうが、法律知識にとらわれないで、常識的な判断をするであろう。法律家は、ややもすれば、まず法律への当てはめを先に考えてしまい、事実が法律に当てはまるかどうかという眼で事実を見ようとする傾向がないとはいえない。

裁判において事実の認定は裁判官だけがするのではなく、裁判官と一緒に市民にも参加してもらう制度を作るべきだという議論がなされている。これを参審制と呼んでおり、例えば、事実の認定には三人の合議体を作り、そのうち二人は一般市民で一人は裁判官で構成するというやり方である。

これに対し、事実の認定には裁判官は関与せず複数の一般市民だけが行うのが陪審制だ。陪審制は、このようにして認定された事実に法律を適用する作業は法律専門家である裁判官が行う。

ただ、参審制や陪審制では、世間を騒がせマスコミなどが大きく報道する事件などについては、一般市民はそれに影響されて予断を持ってしまい、証拠に基づいた正しい判断ができないのではないかと心配する人からの反対意見もある。だが、事実の認定は法廷に現れた証拠のみに基づいて行うという大原則を市民に理解してもらえばよいことであって、それを理解してもらうことは十分可能だと思う。市民の健全な常識を裁判に反映させるため、裁判への市民参加の一環として少なくとも参審制は是非実現させるべきものと私は考えている。これが実現すれば、裁判所は市民にとって身近で、もっと興味と親しみを持てるところになるであろう。

不自由な日本の裁判官――市民の人権守れるのか

裁判所は「人権の砦（とりで）」といわれている。それは、私たち市民の人権が侵害されたとき、とりわけ市民の権利や自由が国家権力によって侵害されたとき、市民の側に立って断固として市民の人権を守るのが裁判所の役割だ、という意味である。だから裁判所には行政や警察の不法をチェックしたり、国会が作った法律が憲法違反であるとしてその適用を拒否する違憲立法審査権も与えられている。

裁判所がこの役割を果たすためには、なによりも裁判官自身があらゆる権力から独立して自由な立場におかれていることが必要だ。憲法は「裁判官はその良心に従い独立してその職権を行い、憲法及び法律にのみ拘束される」と規定して裁判官の独立を保障している。

だが、日本の裁判官は、ほんとうに独立して自由な立場にいるだろうか。

最近各地で上映されている「日独裁判官物語」という記録映画を見た。これは、日本の裁判官がもっと自由で独立した裁判官であってほしいと願う幅広い市民の協力によってできた作品だ。

そこには、ドイツの裁判官が市民のなかにとけ込んで普通の市民として生活し、社会に向かって積極的に発言し、市民と一緒に政治運動やいろんな社会的活動もやれば、ときにはデモもするという、自由闊達なドイツの裁判官の姿がよく描かれている。

それに比べて、日本の裁判官は最高裁から人事面で統制され、少しでも目立った言動をすると給料や勤務地の面で不利な扱いを受ける。だから、どうしても最高裁の意向を気にしてしまう。多くの裁判官は官舎に住み、転勤が多いから地域に根づいて市民と接触することは少ない。それに市民の集会などに出て発言することも差し控えるよう求められるなど、日本の裁判官の「不自由」な実情が紹介されている。

ときどきテレビで撮される一段高い法壇に並ぶ裁判官の無理をして作ったようなあの無表情。これが「不自由」を象徴しているかのように私には思える。先般仙台地裁の裁判官がある法案に反対する市民集会で発言したことで最高裁は、その裁判官に対する懲戒処分を是認したことは記憶に新しい。

裁判官たちが自分たちで自主的に研究や司法の問題を考える会やシンポジウムを開くことがあり、それが法律雑誌に載ることがある。だが驚くべきことに、そこでの裁判官の発言は匿名になっていることが多い。裁判官は最も大切な言論の自由さえ自粛しているかに思える。もはや自粛でなく「自縮」だ。

みずから自由を持たず、みずから自由を獲得しようとしない裁判官に他人の自由や人権が守れるであろうか。裁判官の独立と市民的自由の問題は単に裁判官の問題ではない。それ以上に市民自身の問題である。裁判官が自由でなければ、裁判所は「人権の砦」としての役割を果たせないからである。

裁判官の「不自由」の被害者は市民にほかならない。裁判官がもっと自由闊達になれるよう、最高裁の人事当局者は大いに反省すべきだ。

人権を侵害する人質司法――否認しても犯人扱い

日本の刑事裁判は病んでいる。それも重症だ。

ある夜あなたがカメラ店の前を通りすぎてしばらくしたとき、パトカーから警察官二人と一緒に下りてきたカメラ店の店員が「こいつだ。こいつに間違いない」とあなたを指さした。そのカメラ店で少し前、男が店員にカッターをちらつかせながら、レジの横に置いていた一〇万円を出せというので、怖くなった店員がその男に一〇万円を渡したという。

恐喝だ。あなたはその恐喝犯人と間違えられ、その場で警察官に現行犯逮捕されてしまった。自分は犯人でないと言ったが警察官は聞き入れようとはしない。あなたはその日スーパーでのアルバイトの帰りだったので上着のポケットに段ボールを切るのに使うカッターを持っていたし、給料日だったので現金一〇万円と少しを持っていた。また前日そのカメラ店でフィルムを買っていた。あなたの姿、服装がその恐喝男と似ていたのであろう。パトカーに乗せられて警察署に連行され留置場に入れられた。

翌朝から取り調べが始まったが身に覚えのないあなたは、自分は犯人ではないと否認し続けたが、警察官は「目撃者もいる。カッターも現金一〇万円も持っていたではないか。カメラ店のカウンターからお前の指紋も出ている」と言ってあたまからあなたを犯人扱い。逮捕されてから四八時間以内に検察庁に連れて行かれ、検察官の簡単な取り調べがあった。検察官ならわかってくれるだろうと、自分は犯人ではないと言ったが検察官も取りあおうとしない。

検察庁に連れていかれてから二四時間以内に検察官はあなたの勾留を裁判所に請求した。裁判所に連れていかれて裁判官から質問を受けたので、裁判官こそわかってくれると思って、自分はその日カメラ店の前を通りかかっただけで恐喝などしていないと懸命に訴えたが、勾留されてしまった。勾留は一〇日間が原則だと聞いていたし、自分は無実なのだから一〇日たてば釈放されると思っていた。留置場は冷房もなくたまらなく暑いし、家族や友人との面会は禁止された。

勾留後一〇日たった。その間取り調べがあったのは五日ぐらい。取り調べでは警察官は「早く本当のことを言え。自白したら気持ちも楽になるし、早くここから出られる」と言う。やってもいないことをやったとうその自白などするつもりはないから、否認し続けた。一〇日たったので釈放されるかと思っていたら、さらに一〇日間勾留が延長された。

勾留延長後五日ぐらいで検察官の調べが始まった。検察官にももちろん否認した。無実なのだからまさか起訴されることはないと思っていたが、勾留延長一〇日目に恐喝罪で起訴されてしまった。起訴されると保釈の請求ができるので、すぐ保釈請求をしたが、保釈は却下された。否認していると保釈されないという。さらに留置場生活が続く。

これを「人質司法」と呼ぶ。あなたはどうするか。「人質司法」がいかに人権を侵害しているか、これをどう改革すべきかを次に述べたい。

「人質司法」——えん罪の温床

前項で、日本の刑事裁判は重病になっている。まったく身に覚えのないあなたが恐喝犯人と間違えられ、逮捕、勾留され、起訴されたとして、裁判所で自分は無実だと主張すると保釈されない。だから留置場で身体を拘束された状態で裁判を受けることになる。これを「人質司法」と呼ぶ、と書いた。

この「人質司法」こそが自白強要の手段と化し、日本の刑事裁判をゆがめてしまっている。自分が無実なら無実だと主張する、すなわち右の例では恐喝の事実を否認するのは当たり前のことであって、やってもいないことをやったとうその「自白」をするのは、むしろ正義に反し、絶対にあってはならないことだ。

だが、留置場生活はたまらなくつらい。酷暑のなかで冷房もない。ときには二四時間、監視カメラで監視される独房に入れられこともある。家族のことも仕事のことも心配だ。どうしてもここから出たい。そのためには、やっていなくてもやったとうその「自白」でもすれば留置場から出られるなら、うその「自白」でもしようという気にもなる。

しかも勾留は長い。無実を主張していると、通常、検察官側の立証が終わるまでの期間、保釈されないことが多く、長い留置場生活が続く。だから「人質司法」は自白強要の有力な手段となっているのだ。そこからえん罪が生まれる。

保釈は、よほどの重大な例外理由がない限り権利とされている（これを「権利保釈」と呼んでいる）。そして何より、被告人は有罪判決が確定するまでは「無罪の推定」を受けるというのが近代国家における刑事司法の大原則である。ところが、無実を主張すれば、保釈しないというわが国裁判所の保釈制度の運用は、保釈の権利性を否定することであり、明らかに人権侵害であるばかりか、無罪推定の原則を踏みにじるものである。

なぜこんなことになってしまったのか。それは、権利保障の除外事由の一つに、保釈すると「罪証を隠滅すると疑うに足りる相当な理由があるとき」という規定があり、それが拡大解釈されて「無罪を主張している者を保釈すると罪証（証拠）を隠滅する」と短絡的に考えるからだ。そこでは、どの証拠がどのように隠滅されるのかという具体的な考察がなされているとは到底思えない。「人質司法」と呼ばれるわが国の保釈制度の運用は、国連の定めた国際人権規約の趣旨にも明らかに反している。

これを改めるにはどうすればよいか。先例重視が「伝統」の裁判官に前記拡大解釈をやめさせることはほとんど期待できない。方法は二つ。法律を改正して、権利保釈の除外事由から「罪証隠滅うんぬん」の前記規定を削除することだ。それとも、「罪証を隠滅すると疑うに足りる相当な理由」があるかどうかについても陪審制を採り入れ、一般市民に判断してもらうことだ。おそらく一般市民の常識は裁判官の「常識」とは異なる結論を示すはずだ。そうすれば「人質司法」はなくなり、刑事裁判は健全なものによみがえるであろう。

Ⅳ章

離婚調停、遺産分割、消費者被害の現場から

片山登志子

片山　登志子（かたやま　としこ）
1977年　京都大学法学部卒業
1985年　司法試験に合格
司法修習を経て
1988年　大阪において弁護士登録
1993年　片山登志子法律事務所開設

(消費者問題専門分野)
欠陥商品問題　情報公開　クレジット問題
(現在)
大阪弁護士会消費者保護委員会委員
日本弁護士連合会消費者問題対策委員会委員
消費者法ニュース発行会議本部事務局
ＰＬ法・情報公開ニュース発行責任者
特定非営利活動法人消費者ネット関西　専務理事
(関与している弁護団)
ココ山岡被害者大阪弁護団

家裁は病院と同じ――心を癒してあげる場に

「はじめまして。この度、新しく入りました片山登志子です。よろしくお願いします」

上司に案内されて、胸をドキドキさせながら大阪家庭裁判所の中を挨拶してまわったのは早いもので今からもう二〇年も前のことになる。昭和五二年、私は家庭裁判所で社会人としての最初のスタートを切った。

といっても、この本に最初に登場された井垣さんのように裁判官としてのデビューではなく、裁判所事務官としてのデビューであった。家庭裁判所の中には、裁判官だけでなくさまざまな仕事を担当する大勢の職員がいる。

たとえば裁判官の仕事を直接補佐して記録の整理や当事者（調停や審判の申立人や相手方のことをこう呼んでいる）との連絡をとる書記官、家庭裁判所だけの制度であるが、調停や審判を進めるうえで必要な調査を行う調査官、裁判所の機能を維持するうえで大切な人事や会計・総務などの事務を担当する事務官などである。

私は、最初、事務官として採用されたが、内部の昇任試験を受験し研修を経たうえで、昭和五五年からは書記官となった。そして、離婚や遺産分割などの家事事件の受付を振出しに、調停や審判の手続に立ち会うなど、さまざまな家事事件に携わってきた。

昭和六〇年に、小学校の頃からの夢であった司法試験に合格することができ、昭和六三年から大阪で弁護士として再スタートを切ったが、私にとって、家庭裁判所は社会人としての故郷であり、現在の弁護士としての活動の基礎を形成してもらった場所でもあると考えている。

私が家庭裁判所に在職していた頃、ある所長は、「家庭裁判所には、家庭内の問題で心を傷めている人達が救いを求めて来られている。病院と同じように、心を癒してあげなければならない」とおっしゃっていた。またある所長からは、「家庭裁判所には、市民が弁護士を依頼しないで直接自分で手続をとりに来られることが多い。市民に最も身近な裁判所でなければならないし、書記官はその窓口にならなくては」と指導を受けた。

在職中、こうした所長の指導にどこまでそえていたか心もとないが、とにかく私は、多くの当事者に出会え、しかも当事者と直接接することのできる家庭裁判所の雰囲気が大好きであった。

弁護士となった今も、どうしても家庭裁判所の事件が通常の民事の事件よりも多くなり、家庭裁判所とは縁が切れない状態が続いている。そして、市民と一緒になって裁判所を利用する弁護士という立場に立ってみて、中にいたときには気づかなかった一面、特に利用する市民が裁判所に対してどのような期待と不安と不満を持っているかが初めて見えてきたような気がしている。

次項で、利用する側の市民と利用される側の裁判所、相互の思いの行き違いを私なりにご紹介してみたいと思う。

離婚調停の席で相手と同席——解決早くなった例も

「先生、調停って、私が直接主人と会って話し合いをするんですか」

家庭裁判所に離婚調停の申立て手続をすると決めたとき、ほとんどの依頼者は不安そうにこう質問する。

「心配ないわよ。調停は、調停委員さんが申立人と相手方から別々に事情を聞いて、解決へ向けて調整をして下さるところだから。ご主人とは廊下で会うかもしれないけれど、直接話し合いをすることはないわよ」

数年前まで、私はこう説明して依頼者を「安心させてきた」つもりであった。当事者は、「相手方には会いたくない、直接話し合っても無駄、相手方のいないところで十分に自分の思いを調停委員に聞いてもらって、調停委員に自分の言い分が正しいかどうか判断してもらいたい」と考えている。家庭裁判所で書記官として調停に関与してきた私は当事者の気持ちをそのように理解していたからである。

しかし、今から数年前、私はある事件をきっかけに、自分がいかに当事者の気持ちを理解していなかったかを思いしらされた。

事件の内容はプライバシーの問題があるのでご紹介できないが、離婚の合意ができずに調停が行き詰まっていたとき、調停委員から「調停で相手方と同席して話し合ってみられませんか」と持ちかけられたのである。私は、依頼者が嫌がるであろうと思い、「どうする。嫌ならお断りするから遠慮しないで言ってね」と相談したが、依頼者は意外にも「いいです。会って直接話します」と言い、しかも相手方と同席の場で、相手方の疑問に答え、自分の言いたいことをきちんと冷静に述べたのである。その後、まもなくして離婚調停が成立した。

「先生、どうしてもっと早く調停で相手方と話し合いをさせてくれなかったの」と私は責められた。「だって、あなたが嫌がるとばっかり思っていたから」

「最初は不安だったけど、途中からは相手が何を考えているか直接聞いてみたいと思っていたんですよ。相手の気持ちがわかれば、私にも考えようはあるし」

案ずるより産むが安しという言葉があるが、私はどうも依頼者をかばう気持ちが強くて、依頼者のその時々の本当の思いや不満を理解できていなかったようである。

私は、この経験から後、相手方と調停室で同席して話し合うか、別々に調停委員に話を聞いてもらうか、調停のつど依頼者の気持ちを尋ねることにしている。そして、できる限り同席で話し合うよう勧めている。離婚という人生の根幹にかかわることを決め、子どもの父親と母親として、今後の二人の新しい関係をどう持つかを決めるにあたって、夫と妻は結婚を決めたとき以上に二人で話し合いをすべきだと思うからである。同席では当事者が十分に話しができないと心配する声もある。しかし、調停を利用する当事者の意見を私たちは謙虚に聞いてみる必要があると思う。

依頼人の情報は〝食材〟――弁護士が〝調理〟し裁判官が〝味見〟

「私食べる人。あなた作る人」だったか「私作る人。あなた食べる人」だったか定かではないが、いまから一〇年ほど前にこんな言葉が流行した。

丁度その頃、私は司法修習を終え、裁判官の道を選択するか、弁護士の道を選択するか迷っていた。最終的に弁護士になることを決心した私は、その理由を、「私は料理を作る人になりたいから」と説明した。

事件を料理にたとえること自体、不謹慎だと叱られるかもしれないが、弁護士と裁判官の立場の違いは、「料理を作る人と食べる人」の違いに似ているところがあると思う。

弁護士も裁判官も、自分が直接見たり聞いたりしていない紛争を解決しなければならないという点では同じ難しさを抱えているが、弁護士は、直接本人から紛争の経過や背景を聞き出すことができるし、現場に行ったり、紛争に関係のある人達から話を聞いたり、必要な証拠資料を集めたりすることができる。こうして自分の足と目と耳で集めた情報をもとに、依頼者が訴えようとする真実を、法律にあてはめて裁判所に伝えるのが弁護士の仕事である。

たとえば、知人に貸したお金を返してもらえないという人から貸金返還の訴訟を依頼されたとする。相手方が借りたことを認めていれば話は簡単だが、訴訟にまでなる場合は、相手方が、「借りたのではなくもらったものだ」と言ったり、「共同出資で事業をしたが事業が失敗したから返す必要はない」等と言って、貸したこと自体が争われる場合が多い。依頼を受けた弁護士は、まず、本人から、なぜお金を貸したのかそのいきさつを詳しく聞き出すが、それだけではなく、当時の本人の経済状態や相手方とどの程度の交友関係があったのかなど、要するにお金を贈与したり出資したりするような事情がなかったことを示す材料を集め、それをわかりやすく整理したうえ、依頼者の言い分を文書で裁判所に提出し、さらにそれを裏付ける証拠を提出するのである。

依頼者の提供してくれる情報がいわば料理の素材であり、それを裁判所に理解されやすいように整理をし、必要な証拠を集めて提出する作業を料理にたとえることができよう。そして裁判所は、両方の当事者から出された料理を吟味し、そのいずれがより真実らしいかを判断することになるのである。

料理の味を判断する裁判官が、正しい判断能力を持っていなければ真実が発見されないことはいうまでもない。

しかし、いかにすぐれた判断力を持つ有能な裁判官が待ち構えていても、料理人たる弁護士が、依頼者の持っている素材を生かした料理をしなければ、素材のもつ真実の味わいは裁判所に理解されないままに終わってしまう。素材を生かす料理人になりたい。そう思って私は弁護士の道を選んだ。

「百聞は一見にしかず」事件現場――依頼者の話聞くだけではダメ

「弁護士さん。あなたは依頼者の自宅へ行って、ご両親とも会われましたか」

ある離婚調停で、突然、担当裁判官から尋ねられた。「えっ。いえ、そこまではしておりませんが……」私は一瞬口ごもりながら答えた。私の依頼者は、別居している妻から離婚を申し出られた夫であるが、妻にも子どもにも愛情があり、何とかして円満な夫婦関係を回復したいと願っていた。しかし、妻は、同居している夫の両親との関係が不安で、なかなか夫のもとに戻る決心がつかず、もう離婚もやむなしと考えていた（事件の内容はアレンジしてあります）。

私は、依頼者である夫からは、これまでの結婚生活の経過や、なぜ奥さんが別居に踏み切ったのか、何が二人の間に欠けていたと思うか等を相当長い時間をかけて聞き出した。そして、円満な夫婦関係を取り戻すために、妻の不安や不満を受けて夫の方でどう対応できるのか、妻に対しては何を望むかを議論したうえで調停に臨んだ。そう、弁護士として十分な準備をしたつもりであった。

そこへ、冒頭の裁判官の発言である。裁判官はさらに、「裁判官や調停委員は自宅まで行けませんが、弁護士さんは行けますよね。そうですか。行っておられないんですか」と私に畳みかけてくる。そこまで言われて、「そうか。この事件では妻の不安の原因がどこにあるか、夫婦の生活の場を自分の目で確かめなければ、妻の本当の気持ちを理解した解決策を依頼者にアドバイスすることはできなかったんだ」とやっと気がついた。

私は、弁護士になった当初、当時勤務していた法律事務所のボス弁（経営者たる弁護士のことをボス弁という）から、「弁護士は事務所に依頼者を呼んで話しを聞いているだけでは駄目。事件の現場へ行って、自分の目で事実を確認しなくては事件の核心はつかめない」とよく言われた。そして、新しい事件を受任するたびに、ボス弁と一緒に現場へ行き、そこで依頼者から説明を受けたものであった。「百聞は一見にしかず」というが、確かに現場で話を聞くことによって、初めて依頼者と同じ立場・感覚で紛争をとらえ、事件を考えることができた。そして、紛争の経過や背景についても、これはどうなっているのか、あれはなぜこうなっているのか等、次々に疑問が生まれ、依頼者から重要な事実を聞き出すことに繋がっていったような気がする。

前項に書いたように、私は「依頼者の持っている（事件の）素材を生かす料理人になりたい」と思って弁護士の道を選んだのであったが、一〇年も経たないうちに、初心を忘れ、依頼者から話しを聞くだけで事件を解決しようとしていたことを、裁判官からの指摘を受けて深く反省させられた。

良い料理人の基本は良い素材を探し出すことにあるが、弁護士も事実を正しく把握する努力を怠ってはならないと痛感した。

料理の鉄人への道は険しい！

面白くなった法律の〝考え方〟――紛争予防へ深い知恵

私が、弁護士という職業があるのを知ったのは、小学校四年生の時であった。担任の先生から、「君は将来弁護士になったらいい」と言われたのが最初である。おそらく世話好きでお喋りな私を見ていて何気なく言われたのであろうが、結局、私はその言葉に暗示にかけられたように法学部へ進んだ。しかし、正直なところ、大学で法学を勉強している間は、法律が心からおもしろいとは思えなかった。なるほど法律というのはうまくできているなあと思えるようになったのは、裁判所で書記官として仕事をするようになってからのことである。

「兄は欲が深いんです。亡くなった母は、最後まで世話をした私に、死んだら財産は全部お前にやるからと何度も言っていたんですよ。なのに兄は半分は自分のものだと言うんです。兄の考えはおかしいですよね。兄はお前が欲が深いと言って、話しにならないんです」

これはあくまで例えばの話しであるが、家庭裁判所には、これに似た兄弟間での親の遺産をめぐる紛争が多く持ち込まれてきた。こうした紛争の申立人や相手方の言い分を聞いていて、私は、法律の考え方を知らないために自分の理屈が正しいと思い込み、欲にかられてではなく、善意で、哀しい争いをしているケースが多いことに心が痛んだ。

先程のケースの場合、妹は、母の世話をした自分が、当然に母の遺志どおり全財産を相続できるものと思い込んでいる。しかし、法律の定めに従った遺言書が残されていなければ、兄の主張するとおり、原則は半分ずつ相続することになる。ただし、法律は、母の介護に特別に尽くした点は寄与分として妹が多く相続できるように配慮している。また、仮に母親が全部を妹に相続させるという遺言書を残していたとしても、法律は、兄には遺留分として、本来の相続分の二分の一を取得する権利を認めている。

要するにこのケースでは、結局、妹が遺産のうち四分の二から四分の三の間の割合を取得できるよう、法律は合理的な調整の原理を用意しているのである。

もしも、あらかじめこうした法律の考え方を兄と妹が理解していたら、二人は相手が欲深いと決めつけることもなく、遺産分けの話し合いを円満に進めることができたのではないだろうか。

法律は、決して私たちの常識からかけ離れたものではない。このことを知って、私にも法律がにわかにおもしろく思えてきた。それと同時に、本来、市民の紛争予防と解決のために用意されている法律が、もっともっと市民に身近なものでなくてはならないと感じた。

大阪弁護士会には弁護士を講演に派遣する出前講師制度が設けられているが、法律の考え方を市民に伝えるのも弁護士の役割。そして、哀しい争いをする前に法律に尋ねてみるというのも生活の知恵ではないだろうか。

遺言は「最後の通信簿」――兄弟間に〝波風〟も

弁護士という仕事をしていると、事件を通して、それまで気づかなかった様々な人間の感情や、社会の構造的なひずみに遭遇し、弁護士としてというより、まず人間として考えこんだり憤りを覚えたりすることがある。

今回は、こうした事件を通して心に残ったことを綴ってみたい。第一回目は、遺言をめぐる親子の思い。ただし、ケースはあくまでもフィクションである。

「先生、妹が母の遺言だと言ってこれを出してきたんですが、これは絶対に母が書いたものではありません。遺言が無効であることをはっきりさせて下さい」

興奮してこう話しはじめたAさんは、弟と妹のいる三人兄弟の長男である。母親が亡くなって四九日が過ぎた頃、母親と一緒に暮らしていた妹が、母から預かっていたと言って出してきた「遺言書」と書かれた書面を見てAさんは愕然とした。遺産はすべて妹に相続させると書かれていたのである。

Aさんから示された遺言書のコピーを読んでみると、そこには老人の少し乱れた字で、母親の思いが連綿と語られていた。自分が残せる財産は自宅とわずかな預金しかないこと。これは、母親の老後の世話のために婚期を逸してしまった娘に全部相続させること。長男のAさんには、子どもの頃から愛情やお金を注ぎ苦労をして大学へ行かせたが、そのお蔭でAさんは一流企業に入社できたのであるから感謝をしてもらいたいこと。そして次男のBさんには、妹に全部相続させたいので了解して欲しいと結んであった。

Aさんの話は、子どもの頃からの家族の歴史におよび延々と続いたが、要するに、自分だけが親からお金を出してもらったわけでもないし、親に苦労をかけたわけでもない。それなのに母親がこんなことを書いたのは、妹が財産を全部欲しいがために、母親に無理やり書かせたに違いない。この遺言は母親の意思ではないから無効だというのである。

おそらく母親は、一人で生活をしていかなければならない娘が不憫でならず、せめて住む所に困らないようにと遺言を書いたものの、長男として当然に家を相続できると考えているであろうAさんの気持ちも考え、決して娘だけが可愛いいわけではない、Aさんには親としてすでに十分な愛情を注いできたのだから了解して欲しいと言いたかったのであろう。しかし、この母親の配慮は残念ながらAさんには伝わらなかった。いや、かえってAさんの気持ちをかたくなにし、母親と妹への憎しみを生んでしまったのである。

自分が死んだ後、子ども達に仲良くしてもらいたいと思って作られた遺言が、かえって兄弟の間に波風をたてる原因となることが往々にしてある。それは遺言が、残された子ども達にとって、親からの最後の通信簿のように思えるからであろう。死んでしまった母親にその真意を確かめる術はない。遺言とは難しいものである。

子どもとの面接交渉――三者の思いは複雑

「太郎くん。お父さんから電話。今度の日曜日に遊園地へ行こうかって。どうする」

「ぼくが出てお話しする」

電話口に出た太郎君はしばらく父親と話をしていたが、今度の日曜日は友達と約束があるのでその次の日曜日にお父さんと遊園地に行くことに決めたようだ。「じゃあね。バイバイ」と言って電話を切った太郎君は、まるで何事もなかったかのようにテレビの続きを見ている。

A子さんは一年前、夫の暴力が原因で離婚をした。小学校三年生だった太郎君はA子さんが親権者となり、A子さんと一緒に生活をすることになった。夫は、A子さんが太郎君を育てることにはすんなりと応じ、養育費もA子さんの希望額を了解した。しかし、どうしても月に二回は太郎君に会わせろと言って譲らない。離婚後は夫との関わりは一切持ちたくないと思っていたA子さんは、夫が太郎君に会うことも嫌だった。しかし、夫は太郎君には優しかったし、太郎君はお父さんが大好きである。悩んだ末、A子さんは、会うか会わないかは太郎君の気持ちにまかせることにし、夫から定期的に太郎君に電話をしてくることを了解したのである。

それから一年。太郎君はお父さんのいない毎日の生活にも、お父さんからの定期便のような電話にもすっかり慣れ、くったくのない元気な少年に育っている。

離婚事件で子どもとの面接交渉（離婚した後、子どもと離れて暮らすことになった一方の親が子どもと会うこと）が問題となったとき、私はいつもこんな光景を頭に思い描く。夫婦の離婚はやむをえないとして、離婚後は父親・母親としてこんな関係を続けて欲しいなという私の願いであるが、現実はなかなかうまくいかない。

離婚原因が何であるか、夫と妻のどちらが子どもと生活するかによって違いはあるが、例えば妻が子どもと生活する場合であれば、妻は、「離婚後は一切夫には干渉して欲しくないんです。子どもとの新しい生活を一日も早く安定させたくて必死なんですよ。時々子どもと会っていい顔をしようなんて勝手ですよ。子どもだって父親には会いたくないと言っています」と言う。これに対して夫は、「僕はずっと子どものために頑張って働いてきたんだ。その子どもと一緒に暮らせない、会わしてももらえないというのでは、僕の人生は何だったんだ。子どもは会いたがっているのに、妻が子どもに、会いたくないと言わせているだけなんだ」と言う。

どちらの言い分ももっともなだけに、こちらも頭を抱え込んでしまう。冒頭のA子さんのように、子どもの自由な気持ちを尊重する方法を見つけてほしいと思うが、父と母と子の思いは複雑に交錯していて答えはなかなか見つからない。柔軟に試行錯誤を重ねる勇気が解決への道かもしれない。

身にしみてわかる――悪徳商法の怖さ訴え

「わかる」ということと「身にしみてわかる」ということとの間には格段の違いがある。

高校時代、物理の先生からこう教えられた。定義や定理をいくら知っていてもそれを実際にあてはめて問題が解けなければわかったことにはならないという意味で言われた言葉であったが、弁護士になって、しばしばこの言葉を思い出すようになった。法律を知っていても、それを実際の事件の解決に活かすことはなかなかに難しい。また、依頼者のおかれている問題状況を「身にしみてわかる」ということも難しいことだからである。今回、ココ山岡でダイヤを購入した被害者の相談を受けながら、改めてこの言葉を思い出した。

ココ山岡の店舗は、全国の有名な地下街やショッピングビルの中にあった。被害者の多くは二〇歳前半の男性であるが、彼らは休日や仕事帰りに、これという目的もなく歩いていてココ山岡の若い女性店員から「あのー。ちょっとアンケートに協力してもらえませんか」と声をかけられ店の中に入っていった。これが被害の始まりである。ほんの軽い気持ちで店の中に入った彼らは、二人ないし三人の女性店員に囲まれ二時間ないし三時間、なかには六時間もの長時間にわたってダイヤを購入するよう勧誘された。「婚約したら一カラットぐらいのダイヤをプレゼントしなくては」「ダイヤは値上がりしているから先では買えなくなるわよ」と言われて多少は心が動いたかもしれないが、もともとダイヤを購入する予定など全くない彼らは一〇〇万円以上も支払ってダイヤを買おうとは思わない。しかし「大丈夫、クレジットを利用すれば月に二万円であなたの物になるのよ」と勧誘は続く。「やっぱり高すぎるし、必要ないから」と断って店を出ようとすると、「五年後には売った値段で買い取るから貯金と一緒よ」とさらに粘られる。長時間の勧誘に疲れた彼らは、契約をしなければ解放してもらえないとの思いに至り、「貯金と同じなら悪いことではないから」と自分を納得させて契約に応じたというのである。

消費者問題に携わってきた私は、これまで何度も「いらない時は勇気をもっていらないということ」と消費者に呼びかけてきた。しかし、今回、ココ山岡の被害に会った若者数十人に会って直接話を聞いてみて、なぜ彼らが「いらない」と言って断れなかったのか、初めて「身にしみて」理解できたような気がする。若者の心理を計算し尽くし、勧誘マニュアルまで用意して組織的に行われた強引な商法と、高額な商品でも簡単に購入できるクレジット制度、若者はこうした構図の中で被害に陥ったのである。

「なぜ、こんな被害にあったのか。ダイヤを買ったときのあの暗い気持ちを思い出して多くの人に悪徳商法の問題を問いかけたい」と被害者の若者も被害者の会を発足させた。「身にしみて悪徳商法の怖さ」を知った彼らの声に真摯に耳を傾けたい。

新民事裁判制度――闘う武器手に入れたい

「裁判なんて、私には一生縁がないものと思っていましたけど、今回は裁判を起こさざるを得ないのかもしれませんね」

欠陥商品の被害にあった消費者の相談を受けていると、こんなふうに言われることがある。確かに、市民にとって裁判を起こすということは、日常生活の中で予定されていないことであり、できれば一生涯裁判所に足を運ぶことなく終わりたいという人もいるであろう。未知の世界というと大袈裟かもしれないが、経験したことのない「裁判」というものに対して市民が漠然とした不安を抱くのは当然である。

「先生、裁判の費用はどれくらいかかるものですか。決着がつくまでにどのくらいの時間がかかるのですか。私も裁判所へ出ていかないといけないんですか。それで私の言い分は裁判所で認めてもらえるんでしょうね」

依頼者は次々に不安をぶつけてくる。もちろん、弁護士といえどもやみくもに依頼者に裁判を勧めるわけではない。できる限りの証拠資料を集め、相手方と交渉をしたりもする。でも、例えば消費者被害の場合、今の日本では、市民が裁判所の力を借りずに集められる証拠には限界がある。

例えば、あなたの家の電気製品から突然出火して、家が燃えてしまったとしよう。警察や消防署が来て、火災の原因を調査してくれる。当然、その調査報告書は被害者であるあなたにもコピーが渡され、それをもとに電気製品のメーカーと交渉ができると考えるであろう。でも、警察の調査結果はもとより、消防署の調査報告書ですら、被害者には見せてもらえない場合が多い。あるいは、同じ製品で同じような火災事故が起こっていないか調査をしたいと思うであろう。しかし、そうしたデータも、メーカーには集められているはずであるが、その製品がリコールでもされていない限り、市民には詳細なデータを入手する手段はない。

消費者事件に携わっていると、闘う武器を手にいれるために裁判を起こすしかないという矛盾に直面する。そこで、冒頭の依頼者のように、勇気を振り絞って「裁判」にチャレンジしてみようということになるのであるが、これまでの裁判では、裁判を起こしても、被害者にとって必要かつ重要な証拠が必ずしも裁判所に提出されず、闘う武器を与えられないままに被害者が涙をのんだケースも多い。

今年の一月一日から、民事訴訟法が改正された。「民事裁判を市民に利用しやすくわかりやすいものにする」ことを目標にした改正であり、早くて充実した裁判の実現が目指されることになる。今回の改正によって、市民にもっと気軽に裁判を利用してみようという気持ちが生まれることを期待するが、同時に市民が納得できる裁判となるよう、武器となる証拠が容易に入手できる制度も充実されなくてはならない。新しい民事裁判制度がスタートするにあたって、裁判を利用する市民の声がその運用に活かされるよう努めたい。

離婚問題――一人で悩まず相談を

「それで、ご主人との関係が円満にいかなくなったのはいつごろからなの」

「さあ、いつからと言われてもよくわからないんですけど。とっても真面目な人で、仕事一途の人でしたから、私も家の中のことは私がちゃんとしなくてはと思って一生懸命やってきたんです。子どものことも、私が責任をもっていい学校に進学させてやらないといけないと思って、家計をやりくりして塾へ行かせ、無事に志望する学校へ進学させました。病気になった時も、仕事で忙しい忙しいと言う主人に家事を手伝ってとは言えなくて無理をして自分で全部やってきました。でも、主人はそんな私の気持ちなんか全く気づいてなくて今では自分だけやりたい放題。こんな思いやりのない人とはもう一緒に暮らせません。疲れたんです」

夫と離婚をしたいという彼女。しかし、初対面の弁護士が、彼女がなぜ離婚まで考えるようになったのか、その気持ちの奥底まで理解するにはなかなか時間がかかる。夫の暴力や浮気といった明らかな離婚原因がある場合でも同じである。

離婚できるかどうか、子どもの親権者に自分がなれるかどうか、養育費や慰謝料はいくらくらい夫に請求できるのか、その回答だけを期待して弁護士のところに法律相談に来る人もいる。弁護士になった最初の頃は、私も結論を出すことを急いで、相談者から直接の離婚原因を聞き出すことだけに熱心になっていた。しかし、最近は、相談者がなぜ離婚をと考えるようになったのか、できるだけ時間をかけて、その気持ちを聞き出そうと心がけるようにしている。

離婚問題は他の法律紛争とは異なり、まさに夫婦それぞれの人生、生き方に係わる問題である。本来、他人が決めて強制する類のものではない。離婚をするかどうかということについて、夫婦がそれぞれに納得して自分で結論を出し合意をしなければ本当の解決にはならない。そのためには、夫も妻も、まず自分の本当の気持ちを知り、相手に伝えることから始めるべきだと考えるからである。

彼女たちの気持ちを聞き出すことを心がけ始めて、彼女たちが、夫に対して余りにも自分の気持ちを語っていないこと、それどころか、彼女たち自身が自分の本当の気持ちに気づかないうちに、夫との関係がいつのまにか破綻していっているケースが多いことに気づくようになった。人間の心というのは複雑で、自分の本当の気持ちを無意識のうちに自分自身で抑圧し、あるとき突然耐えきれなくなるのかもしれない。じっと聞いているうちに、彼女たちは、「私は無理をしていたのでしょうね」と独り言のように呟く。早い時点で誰かが彼女の本当の気持ちを引き出していたら別な夫婦の関係が続けられていたのかもしれない。離婚に限らず、一人で悩まずもっと早く相談してくれていたらと思うことは多い。早期治療は病気だけのことではない。気軽に弁護士を訪ねてもらえたらと心から思う。

依頼者のニーズにこたえる――限られた時間で苦闘

弁護士一一年目に入ったばかりの私の悩みなど、本人の経験と工夫と努力が足りないせいで悩むに足りないと言われてしまいそうであるが、読者の皆さんから悩み解消のためのアドバイスやご意見を頂けることを期待して、素直に悩みを打ち明けることとしたい。

今の私の一番の悩みは、やりたいことが沢山あるのに何よりも時間が足りないことである。私は、元家庭裁判所の書記官をしていた関係もあって離婚や遺産分割といった家庭内の紛争に関する事件の依頼を受けることが多いが、こうした人間の感情が絡んだ紛争の場合、依頼者も弁護士も、紛争の真の原因を見つけ納得のいく解決を見いだして相手方との合意に辿り着くまで、とにかく多くの時間を費やさざるを得ない。例えば、子どもを連れて実家に帰ってきたA子さんから離婚の依頼を受けたとしよう。まず最初、A子さんから結婚生活の概略と離婚を考えるようになったいきさつを聞く。A子さんは、夫との間でどういうトラブルがあったかという客観的な事実については事細かに説明し、夫はこういう性格の人なんですと雄弁に語ってくれるが、なぜ夫との関係がうまくいかなくなったのか、自分が夫に対してどのような気持ちを持って生活してきたのかはなかなかうまく話せない。夫婦の気持ちのすれ違いの原因をA子さん自身が理解するようになるまで、何度も時間をかけてA子さんと話し合うことが必要となる。

さて、いよいよ夫との調停が始まると、今度は夫がA子さんの言い分を認めるかどうか、A子さんの不安はピークに達する。夫は嘘ばかりついているのに調停委員さんは夫に騙されているのではとA子さんはしきりに私に訴える。そうしたA子さんの不安解消のためにも調停で夫と同席して時間をかけて夫の気持ちを直接聞き、またA子さんの口からA子さんの気持ちを伝えてもらうが、夫との気持ちのすれ違いは容易には解消しない。A子さんは家に帰って調停の場面を思い出すうちに心配になってきて何度も私に電話をしてくる。私は、電話でA子さんの不安な気持ちを吸収するとともに、夫を非難することよりもA子さん自身が離婚後の生活設計をしっかりと立てて、新しい人生を歩みたいことを夫に理解してもらうことが大切であることをアドバイスし、A子さんの気持ちを前向きに持っていくように努めるのであるが、実はこれも大変な時間とエネルギーを要することである。

その他にも別居中の生活費の交渉や面接交渉の連絡・立会い、荷物の引取など、離婚の合意が成立してA子さんが元気に新生活をスタートさせるまで弁護士に求められる役割は多い。他にも事件を抱え、弁護士会の活動にも時間が欲しい私の場合、限られた時間の中でA子さんのニーズに十分に応えてあげられていないのではという不安がよぎる。やりたいこととやれることをどう整理するか、答えを出せないまま走り続けているところである。

依頼者が抱える悩み——二人三脚で解決する

弁護士の仕事は多種多様であるが、その多くは、人の悩みを引き受けて悩みを解消することにあると言えよう。

家賃を支払わない借家人への対応に悩んでいる家主、借金の返済ができず途方に暮れているサラリーマン、夫の浮気を知ってどう対処すればよいかわからない妻、老後の財産の管理に頭を痛めている一人暮らしのお年寄りというように、悩みの質はそれぞれに異なるが、いずれも本人にとって、解決されない限り心の晴れることのない深刻な問題ばかりである。依頼者は、自分一人で悩んだ末に、こうした悩みから一刻も早く開放されたいと願って弁護士事務所の扉を叩くのであろうから弁護士は悩みを引き取って依頼者の気持ちを楽にしてあげなければならない。

もちろん弁護士に依頼したからといってたちまちに問題が解決するわけではないが、問題解決のために当面何をなすべきか、どういう手続をとればどれくらいの期間で解決できるかといった方向性が見えただけでも、悩みというものは随分と和らぐところがある。

「お話を聞いて目の前が少し明るくなりました。その方針でお任せしますから、後はよろしくお願いします」と言われると、まずは無事に悩みを受け止めてあげられたことに安堵するが、弁護士の仕事はここからが始まりである。依頼者から引き受けた悩みを解決しない限り依頼者の悩みが今度は弁護士の悩みとなって重くのしかかってくることになる。

相談を受けた当初の予定どおりに問題が解決へと進んでいけば苦労はないが、なかなか、そうはうまくいかないこともある。賃料を滞納している借家人に督促状を出すと、本人は長期間入院をしていることがわかり、身寄りを探し出して本人の今後の生活について相談をしなければならなくなることもある。借金の返済を長期の分割にしてもらって債務を整理しようと金融業者と交渉を始めた途端、本人が認識していた他にも保証人として多くの債務があることがわかって破産申立てへと方針を変更しなければならない場合もある。離婚の悩みということになると、相手方の気持ちが解決に大きく影響するだけに、解決までに予想外に時間がかかることも多い。

事件を引き受けた最初に、あまりに依頼者に過度の期待を持たれてしまうと、予定どおり進展しなかった時にはかえって依頼者に不安を与え、弁護士に対する不信感さえ招いてしまいかねない。これでは依頼者の悩みを解消するどころか増やしてしまうことになる。悩みを引き受けるというのは大変責任の重い仕事である。依頼者の悩みを常にきちんと受け止めながらも、人間の紛争というのは数学のように最初から答えが一つに決まっているものではないことを理解してもらい、解決へ向けて依頼者と弁護士が二人三脚で進んでいくんだという気持ちを持ってもらうこと。これが、弁護士のなしうる最も誠実な悩みの引き受け方なのかもしれない。

紛争解決は話し合いで――最初の〝土俵〟設定肝心

弁護士のもとへは様々な紛争が持ち込まれるが、人と人との紛争は話し合いによって早期に解決されることが望ましいことはいうまでもない。依頼を受けた弁護士も、最初からやみくもに訴訟をと考えるわけでは決してないし、何が何でも依頼者の主張だけを押し通した解決をすれば良いと考えているわけでもない。依頼者の主張を相手方に理解してもらい、相手方の言い分も聞き、事実関係を明らかにしたうえで、法律的にみて合理的で妥当な結論に双方が納得して合意するという形になるのが最も望ましい紛争解決の姿ではないかと私は考えている。しかし、すでに感情をこじらせてしまっている依頼者と相手方に話し合いのスタートに着いてもらうこと自体難しい場合が多い。

紛争解決の依頼を受けると、依頼者から事情を聞いたうえで、まず相手方に書面を出して依頼者の意向を伝え、ケースによっては相手方の意向を聞きたいので一度お目にかかりたいと申し出ることもある。ここで相手方からどのような反応が返ってくるかが弁護士にとっては大変気になるところである。

なかには、弁護士から書面が届いただけで「弁護士が入った以上話し合いはできない。弁護士に会う必要はない。訴訟でも何でも好きにしてくれ」と猛烈な剣幕で電話をしてこられる相手方もいる。弁護士というのはよほど話し合いのできない分からず屋だと思われているのかと情けなく思うが、こうなると誤解を解いて話し合いのスタートに着いてもらうために、電話で気長に話をしなければならない。

また時には、弁護士が出した書面の内容が相手方を怒らせて、話し合いに入れなくなってしまうこともある。

私自身、こんな失敗をしたことがあった。Aさんは、親戚の老人が病院に入院していることを知り心配でお見舞いに行ったところ、本人はすでに痴呆状態で、預金通帳などは病院が管理していることを介護の人から聞かされた。身内の一人として今後の費用のことなども気にかかったAさんは病院に預金の管理の内容を聞こうとしたが、病院は全く話をしようとしない。Aさんは、病院に対して強い不信感を持ち、相談に来たのである。

私はAさんの代理人として、病院に対し、預金の管理をするようになられた経緯と管理の内容を明らかにしてもらいたいとの書面を出したうえで会いに行った。しかし病院は、身寄りがいないというので善意で管理をしてあげてきたのに、まるで不正なことをしているかのように言われるのは心外であるとひどく感情をこじらせてしまわれていたのであった。

Aさんも病院も善意でとった行動ではあったが、互いにその善意を信用できかったために無用な対立を引き起こすことになったわけであるが、弁護士としても、相手方への最初のアプローチの難しさを痛感させられた。それぞれの事件にふさわしい紛争解決のための土俵を最初にどううまく設定できるか、本当に悩むところである。

話し合いによる紛争解決――双方の納得が不可欠

紛争を話し合いによって早期に解決するためには、スタートの段階で話し合いの土俵をうまく設定することが大切であることは前項で述べたとおりである。しかし、紛争の当事者双方が話し合いの土俵についたとしても、最終的に合意に至らなければ解決にならない。それぞれに自分の言い分の方が正しいと信じている当事者に、どうすれば合意への歩み寄りをしてもらえるか、これまた弁護士の悩むところである。

話し合いによる解決が裁判による解決と違うところは、裁判の場合は、裁判官に結論を下してもらって、双方がそれに従うという形をとるのに対し、話し合いの場合は、双方が「この内容で解決をしても良い」という決断を自らの意思で下すところにある。したがって、話し合いによって解決するためには、解決案に対して双方の納得が得られることが絶対に必要となる。

それでは、紛争の当事者は、どういう場合に納得して相手方との合意を決意するのであろうか。まず、その解決案が、法律にかなった合理的で妥当なものでなければ納得をしないことは言うまでもない。しかし、ここで難しいのは、人間社会の紛争は法律を当てはめても算数のように一つの答えがポンと出てこないことである。たとえば遺産分割の紛争の場合、遺産の維持・増加に特別の寄与をした相続人がいれば、その人には寄与に見合う財産が、遺産から相続とは別に分与されたうえで、残りの遺産を相続人全員で分割するというのが法律の考え方ではあるが、それなら寄与に見合う財産がいくらなのかというと、遺産の内容や金額、寄与の内容などが複雑に関係していて、簡単には答えが出ない。こういう場合は、過去の裁判所の審判の例などを示して、仮に双方の言い分を勘案して家庭裁判所が寄与分について判断を下すとすれば、おそらくこの範囲で結論が出るでしょうというように、裁判所での予想される結論を当事者に説明することになる。結局のところ、法律の考え方というよりは、裁判所に判断を仰いだら具体的にどういう結論になるかが、当事者が決断をするうえでの一つの重要な目安となっているといえよう。

しかし、当事者が、弁護士の説明するこの結論を納得して受け入れるかどうかには、もう一つ別な要素が係わっている。それは、その結論が示される過程で、自分の言い分が十分に斟酌されたかどうかである。自分の言い分を十分に聞いてもらったうえで、それがなぜ法律的にとおらないのか、なぜ裁判所で認められないのかについて十分納得のいく説明が受けられなければ、解決案そのものについても納得がいかないのは当然の道理である。ともすれば解決を急ぎすぎて、依頼者にも相手方にも結論を押しつけてしまいがちになるが、急がば回れで、双方の言い分に十分に耳を傾け、その疑問やこだわりに丁寧に応えていくことが話し合いの基本なのだと思う。

後を絶たない悪徳商法――身近に「駆け込み寺」を

繁華街を歩いていたら、アンケートに協力して下さいと声をかけられ、色々と話をしているうちに店舗に連れていかれて高額な化粧品を購入する契約をさせられてしまった。自宅にいたら、子どもの学習用教材のセールスマンが訪ねてきて、教材のご紹介をするだけですからというので家に入れたところ、何時間も説明を聞かされ、最後には何年分もの教材を購入する契約をさせられてしまった。皆さんの中にも、こんな経験をされた方があるのではないだろうか。

私は、弁護士になった当初より、弁護士会の消費者保護委員会の委員として、消費者被害の救済という問題に取り組んできたが、こうしたいわゆる訪問販売や悪徳な商法の被害が後を絶たないことに、何ともやり切れない思いを持ち続けている。

悪徳商法の被害を根絶するために、どうすればよいのか。一つは、消費者がこうした悪徳商法の被害にあわないように、悪徳商法を見分ける目を持つことであろう。悪徳商法にもいろいろあるが、共通していることは、何かを売るという目的を隠して接近してきて、消費者が話を聞きはじめると言葉巧みに商品のセールスをはじめ、あとは消費者が買うというまで何時間でも放さないという点である。弁護士会では、消費者にこうした悪徳商法を見分ける目を持ってもらおうと消費者教育にも力を注ぎ、学校や職場に弁護士を派遣する出前講座のサービスも行っている。

しかし、消費者被害を根絶するためには、やはり、発生した被害を一つ一つきちんと救済し、悪質な方法で契約をさせても契約は無効となり決して金儲けにならないことを業者にわからせることが必要である。そのためには、被害にあった消費者が泣き寝入りすることなく、簡単にそして早く被害を回復できるようなシステムが身近にあって、こうしたシステムを手軽に利用できることが必要となる。ところが、これがなかなかに難しい。消費者被害の相談は、現在、自治体の消費者センターに多く持ち込まれている。消費者センターの相談員さん達が、業者と熱心に交渉をされ、これによって解決されているケースも多いが、交渉で解決できないケースについてはどうしても裁判に持ち込まざるを得ない。ところが裁判ということになると消費者は途端に躊躇し、「裁判をしないといけないのなら、もうあきらめてお金を払います」と引き下がってしまう。弁護士費用や裁判にかかる時間、負担を考えると、つい臆病になってしまうのであろうが、最終的に泣き寝入りをする消費者が多くなると、悪徳業者は、無理を通せば消費者はあきらめてお金を払うだろうとますます強気になるばかりである。

今、こうした消費者被害の救済に強力な武器となる「消費者契約法」の制定が議論されている。この武器を活かすためにも、弁護士が消費者の身近で頼りになる駆け込み寺になれるようなシステムが是非とも必要だ。

証人としての出廷経験――市民には大変な負担

私はこれまでに四回、裁判所に証人として出廷し証言をした経験がある。証人を尋問するのは弁護士の重要な仕事であるが、自らが証人として出廷し証言をするというのは、弁護士の中でも経験されていない方が多いのではないだろうか。

ところで、証人が証言する席は、丁度裁判官が座っている席の真っ正面にある。テレビのドラマ等を見て皆さんも知っておられるだろうが、裁判官の席は一段高くなっているので、証言席に座ると、裁判官を見上げるような形になる。確かにあまり居心地の良い席ではない。

そこに座ってまずは主尋問が行われる。主尋問というのは、証人を申請した当事者の側からの質問であるが、これは大抵の場合、その証人の証言によって自分の主張する事実を立証しようとする側によって行われるから、事前に打合せが行われていることが多い。したがって、答える証人も、何を質問されるかおおむねわかっているので気持ちは比較的楽である。しかし、反対尋問となるとそうはいかない。反対尋問は、相手方当事者によって、証人が主尋問に対して答えた証言の信用性を崩すために行われるのであるから、時には相手方当事者の代理人から、厳しい口調で証言のあいまいさがただされることもある。証人の記憶がどこまで正確なのか、間違った思い込みをしていないか、主尋問では証言していない別な事情があったのではないか等が、矢継ぎ早に質問される。当然、事前に何を聞かれるかの打合せはないから、証人としても大変緊張する時である。そして、最後に裁判官からも尋問が行われる。

証人調べは、真実発見のための重要な手続であり、尋問をする側の弁護士にとっても神経を使う真剣勝負の場であるが、自ら証人として証言席に座って証言をしてみると、代理人弁護士として尋問をする側にいたときには見えなかった違った側面が見えてくる。

日常、法廷を仕事の場としている弁護士でも、証人として法廷に出ることは緊張を強いられるしんどい場面であった。平素、裁判所にあまり縁のない市民にとって、裁判を起こし、当事者として裁判所に出廷し、本人として尋問を受けることは、大変な負担であろうことを改めて感じた。

市民が裁判所を不安なく気軽に、そして納得のいく形で利用できるようにするためには、弁護士が、裁判所と市民の架け橋として、裁判のしくみや事件の流れを十分に当事者に説明し、その不安を取り除くことが重要である。

法律相談の活用法——自分の状況、対処を知る

法律問題に直面したときに読者の皆さんが持たれるであろう一般的な悩み・不安について、私自身が相談を受けたときの経験をご紹介しながら、法律相談の活用法をお話ししてみたい。

例えば離婚問題に悩むA子さんのケース。「先生、夫と別居してもう何年にもなるんですが、夫

愛読者カード

このたびは小社の本をお買上げ頂き、ありがとうございます。今後の企画の参考とさせて頂きますのでお手数ですが、ご記入の上お送り下さい。

書　名

本書についてのご感想をお聞かせ下さい。また、今後の出版物についてのご意見などを、お寄せください。

●購読注文書

ご注文日　　年　　月　　日

書　名	冊　数

代金は本の発送の際、振替用紙を同封いたしますのでお支払い下さい。（3冊以上送料無料）

なお、御注文はＦＡＸ（03－3239－8272）でも受付けております。

郵便はがき

料金受取人払

神田局承認

1359

差出有効期間
平成14年5月
7日まで

101-8791

007

東京都千代田区西神田
2-7-6川合ビル

㈱花　伝　社　行

お名前《ふりがな》	電話
ご住所（〒　　　） (送り先)	

●新しい読者をご紹介ください。

お名前	電話
ご住所（〒　　　）	

は離婚に応じないようですし、私も離婚に踏み切るのが良いのかどうかわからなくて、何となく今日まできてしまいました。でも、もう疲れてしまって。どうしたらいいでしょう」と言う。本人の希望する結論が見えていないだけに答える方も難しいが、時間をかけて彼女の気持ちを聞いていくうちに彼女自身は早くから離婚を望んでいながら離婚に対する漠然とした不安のゆえに結論を先延ばしにしてきていたことが見えてきた。離婚に伴いどのような社会的不利益があるか、離婚に応じないという夫とはどう交渉したらよいのか、離婚の条件はどうなるのか、離婚後の生活をどうするか、そして離婚手続を弁護士に依頼したらどの程度の費用と時間がかかるか。このように彼女の漠然としていた不安を整理したうえで回答すると、「答えが見えそうな気がしてきました。まず自分で夫と話し合ってみます」と帰って行った。A子さんの場合は、法律相談に来ることで不安が整理され、行動指針が見つかったことで問題の大半は解決されたのかもしれない。

Bさんの相談は代金支払いのトラブル。これまで相手方から請求されるままに支払ってきたが、相手方は当初の契約内容の説明を次々に変えては追加料金を請求してくるので不安になって相談に来たという。契約書を見せてもらい経過説明を受けると、どうやら相手方に問題があり、相談者はすでに支払う必要のない代金まで支払わされている様子。こうなるともう弁護士が交渉の窓口になって、払い過ぎた代金の返還を請求するしかない。「変だと思ったんですよ。払う前に相談に来ればよかったですね」と言いながらBさんは交渉を委任して帰って行った。

法律相談の結果は、このように様々であるが、法的紛争のより良い解決のためには、自分が今どのような状況にあって、どう対処するのが一番賢明なのかという行動指針を知ることが何よりも重要である。タイミングを逃せば解決を難しくすることもある。法律相談というと何となく気後れされるかもしれないが、法的紛争は個別性が強く一件一件解決への道が異なる。それぞれの紛争に適した解決を、まずは法律相談で見つけて頂きたい。

手間のかかる離婚紛争——急がれる抜本的な改革

政府の司法制度改革審議会において、司法制度全般にわたる抜本的な改革の議論がいよいよ始められた。司法を、利用する国民にとって分かりやすく利用しやすいものに、そして国民から信頼されるものにしようというのが改革の目標である。首相官邸ホームページの中に「司法制度改革審議会」のホームページが設けられ、そこには、国民からの意見受付箱も置かれている。国民のためのより良い司法を誕生させるために、利用する側からの疑問や要望・意見を積極的に審議会に届けていただくよう切にお願いしたい。

ところで、私は、この司法制度改革の議論の中で、離婚や遺産分割といった家族に関するさまざまな紛争を解決するための制度についても、ぜひとも抜本的な改革をしてもらいたいと考えている。皆さんもご存じのとおり、家族に関する紛争の解決は、まず家庭裁判所に持ち込まれる。しかし、現在の制度では、必ずしも家庭裁判所だけで紛争がすべて解決するわけではなく、途中から、あるいは紛争の一部を地方裁判所の訴訟に持ち込まなければならず、利用する側にとって分かりやすい利用しやすいものとなっていないからである。

今の制度がどうなっているのか、仮定のケースを例に挙げて具体的に説明してみよう。

A子さんは小学生の子ども二人を連れて、一年前から夫と別居している。別居の理由は夫の暴力と性格の不一致。別居後、A子さんは離婚を申し入れたが、夫は、離婚の理由はない、子どももかわいそうだから家に戻ってこいと言うばかりで離婚の話は進展しない。そこでA子さんは弁護士に依頼し、家庭裁判所に調停を申し立ててもらった。

すでに三回の調停期日が開かれたが、夫は「どうしても離婚したいのなら子どもはおれが育てる。子どもの親権は妻には絶対に渡さない」と主張している。子どもと別れて暮らすことなど考えられないA子さんは、どうしたら子どもの親権を夫に譲ることなく離婚ができるのか、今後の手続を弁護士に尋ねてみた。

ところが、「そうね。どうしても調停で合意ができない場合は、地方裁判所に訴訟を起こして、夫の側に離婚の理由があること、そして子どもの親権者は母親であるあなたが適任であることを主張し証明しなくてはならないわね。でも、訴訟ということになると、家庭裁判所の調停と違って公開の法廷で審理がなされることになるし、地方裁判所には父親と母親のどちらが親権者として適任かを調査する専門の調査官もいないから大変なの」というのが弁護士の回答。再度一から訴訟を起こし、しかも公開の法廷で夫婦のプライバシーにわたることを証言しなければならないと聞いて、A子さんは暗澹たる思いになった。A子さんが不安になるのは当然であるが、これが現在の離婚紛争の解決システムなのである。どんな制度があれば、離婚紛争はもっと当事者の気持ちに沿った手続で解決できるのか。次項で、具体的に考えてみたい。

離婚訴訟の不合理さ――最後まで家裁で解決を

前項で、小学生の子ども二人を連れて夫と別居し、離婚調停中のA子さんの例を仮定のケースとして紹介した。子どもの親権争いで離婚調停も暗礁に乗り上げ、弁護士からは離婚の訴訟をしなければ仕方がないと言われたA子さん。なぜ裁判なの？　裁判になったらどうなるの？　と不安な思いが募るばかりである。

弁護士をしていると、A子さんのようなケースによく出会う。しかも、離婚紛争の中でも難しく長期化するケースである。

A子さんは裁判という言葉に漠然と不安を感じているようであるが、実際、舞台が家庭裁判所から地方裁判所へ移されることによって、いくつもの不合理な面が生じている。

まず第一には、調停段階での話し合いの経緯が訴訟に反映されないことが挙げられる。大阪のような大都市では、裁判所の庁舎そのものも別個であり、裁判官の構成も異なる。調停段階での経過を記載された記録が訴訟を担当する地方裁判所で利用されるということはまずない。当事者には、まさに最初から手続のやり直しと映るだろう。

さらに問題なのは、地方裁判所には家庭裁判所調査官がいないことである。家庭裁判所調査官は、心理学、社会学、教育学などの人間関係諸科学の専門的知識と素養を持ち、これを活用して、人間関係調整を図るために必要な調査を行っている。A子さんのような親権争いの場合には、今子どもがどんな生活をしているか、子ども自身が母親と父親に対してどのような感情を持っているかなどの事実の調査とこれに対する的確な評価が不可欠であるが、こうした調査と評価を適切に行えるのは家庭裁判所調査官以外にいないと私は確信している。その調査官のいない地方裁判所の訴訟手続で、どうしたら子どもの素顔と両親に対する率直な気持ちを裁判官に伝えられるのだろうか。離婚を扱う裁判所に、なぜ専門の調査官がいないのか、私は不思議でもあり不合理だとずっと思い続けてきた。

離婚紛争の解決手続として、どんな制度が最も望ましいのだろうか。離婚紛争を訴訟という公開の法廷で審理することの是非についても慎重な検討が必要であるが、私は、とにかく離婚に関する紛争はすべて家庭裁判所で最後まで解決できる制度に改革されるべきであると考えている。調停から継続した、そして専門の調査官の調査結果や意見が反映される家庭裁判所の一貫した手続の中で、子どもの親権や養育費、子どもとの面接交渉、財産分与などがトータルに解決されること、それこそが利用者に分かりやすい利用しやすい制度ではないだろうか。家庭裁判所は今年で創設五〇周年を迎えたが、離婚訴訟を家庭裁判所に移すべきという議論は、三〇周年の時にすでに学者や実務家から提唱されていた。しかし、なぜかこの二〇年間、実現はおろか具体的検討すらなされていない。司法制度改革が論じられているこの時期、家事紛争解決制度の改革をぜひとも実現したい。

遺産分割の紛争――家裁決着が原則だが……

家庭に関する紛争の中で、離婚と並んで解決が難しいものに遺産分割に関する紛争がある。

「先生、いつになったら父の財産を分けてもらえるんですか。もう父が亡くなって三年になるんですよ」と依頼者から言われると誠に申し訳ない気持ちになるが、家庭裁判所に調停や審判の申し立てをしても、なかなか遺産の分割が決まらないというケースは決して少なくない。遺産分割では、亡くなった人を中心にした家族関係の中でそれまで長年うやむやにされていた問題が一気に吹き出すことがあり、単に遺産をどう分けるかというだけの問題で済まなくなることがあるからである。

例えば、亡くなったAさんの場合。息子三人が相続人であるが、長男のBさん名義の土地について、Bさんは自分でお金を出して買った土地だと言い、他の二人の兄弟はAさんが買って名義をBさんにしただけだと言い、譲らないとしよう。一体どのような手続でこの紛争は解決されるのだろうか。

遺産分割紛争は、家庭裁判所の調停で話し合いがつかなかった場合は、同じ家庭裁判所で引き続き審判という手続が行われ、家庭裁判所が、職権で調査をしたり、当事者から資料を提出させ事情を聞いて事実関係を確認したうえで分割方法を決定するという制度になっている。離婚の場合とは異なり、調停で話し合いがつかなかった場合も地方裁判所の訴訟に移らず、家庭裁判所で決着をつけるというのが原則である。ただし、そこで解決されるのは、遺産であることがはっきりしている財産に限られている。なぜなら、その土地がAさんの遺産かBさんの所有物かという権利の存否の問題は、公開の法廷で行われる訴訟手続において判断されなければ、最終的に確定しないと考えられているからである。要するに、家庭裁判所がAさんの遺産だと判断して遺産分割の決定をしても、Bさんは、改めて訴訟を起こして、この土地は私の土地だと主張して地方裁判所で再度判断を求めることができるのである。

このため、家庭裁判所では、Aさんのようなケースについては、相続人の間で遺産に含めるか否かについて合意をしない限りは遺産分割調停をいったん取り下げ、その土地についての訴訟が確定した後で再度遺産分割の調停を申し立ててもらい、遺産の分割方法を決定するという取り扱いが原則的になされている。

これでは、遺産分割の解決が長期化するのも無理はないが、問題はそれだけではない。訴訟で、ある程度事実関係がはっきりした段階で和解ということもありうるが、地方裁判所では遺産分割という紛争の全体像が見えないため和解による解決も難しく、結局、当事者は、家庭裁判所と地方裁判所を行ったり来たりしなければ最終解決にたどりつけないというのが現在のシステムなのである。もっと早く合理的に解決する方法はないのだろうか。次回に改革の方向を提案してみたい。

遺産分割紛争の迅速解決——家裁で訴訟できる改革を

遺産分割に関する紛争に際して、ある財産が遺産なのか、それとも元々相続人の固有の財産なのかについて相続人間で合意ができない場合には、家庭裁判所で遺産分割を決定してもらえず、まずは地方裁判所の訴訟でこの問題に決着をつけなければならないことは前項でお話しした。

しかし、遺産分割に絡む兄弟姉妹や親族間の紛争を地方裁判所にまで持ち込むことには抵抗を感じる人もあるのではないだろうか。損得の問題ではなく、自分の主張している事実、例えば長男名義の土地は父親がお金を出して買ったのだから、そのことを遺産分割に反映させてもらいたいという思いは強いが、そのためにわざわざ別個に地方裁判所に訴訟まで起こしたくはない。遺産分割に関する紛争なんだから、家庭裁判所で納得のいく審理をしてもらって全体を一挙に解決したい——これが多くの当事者の願いだろうと思われる。

これを実現する方法はないのだろうか。一つの提案として、次のような方法が考えられる。

(1) まずは遺産分割の調停において、相続人間で合意できる事項と、合意ができない事項を明

確にする

（2）合意ができない事項の中に、遺産に含まれるかどうかといった訴訟で解決しなければならない事項があれば、それについては家庭裁判所に訴訟を起こしてもらって、遺産分割を担当している裁判官が通常の裁判の手続で審理をし判断をする

（3）この間、遺産分割調停の手続は並行して進め、寄与分や生前贈与の有無、遺産の評価などについて当事者の話し合いを進めておく

（4）訴訟手続で審理されている事項についての判決が確定した時点で、一挙に遺産分割の調停で合意を図るが、調停で合意ができなければ家庭裁判所が審判で遺産分割方法を決定する

この方法を採用するためには、家庭裁判所で訴訟手続が行われる必要がある。家庭裁判所は創設されて五〇年になるが、これまで家庭裁判所では、家庭に関する紛争を調停・審判で解決するという独自性を強く打ち出すために、訴訟手続は取り扱わないこととされてきた。しかし、離婚訴訟を家庭裁判所で行うようにしようとの改革の動きがある現在、離婚訴訟に限らず、遺産分割に関連する家族の紛争についても、家庭裁判所で訴訟手続を行うように改革することは不可能ではないと考える。

遺産分割に関連する紛争を、家庭裁判所で、遺産分割を担当している裁判官が審理することのメリットは大きい。並行した審理が可能となることで、遺産分割の最終解決までの時間は大幅に短縮される。紛争の全体を一人の裁判官が把握しているので、審理が進んだ段階でいつでも紛争

全体を和解・調停で解決することも可能となる。

実現するにはさまざまな問題があるが、利用する市民の立場に立って、使いやすい納得のいく司法制度を実現するには、既存の枠を超えた抜本的改革が必要なのではないだろうか。

複雑化する消費者被害――市民の積極的行動必要

これまでの四回は、離婚や遺産分割といった親族間の紛争を解決するための裁判所のシステムについて、どんな改革をすれば市民に利用しやすく、かつ納得のいくものになるかを述べてきた。今回は、やはり市民に身近な問題である消費者被害について、その被害の防止と救済のために今どんなシステムが必要なのかを考えてみたい。

私は、一一年前に弁護士になって以来、消費者問題に関心を持ち、いくつかの被害救済にも関わってきた。その中で感じることは、消費者被害と呼ばれるトラブル内容が、この間を見ただけでも大きく変化してきていることである。従来は、キャッチセールスや催眠商法、恋人商法など、一部の業者による、いわゆる悪質商法といわれる不当で強引な勧誘による被害が大きな社会問題となっていた。しかし、技術革新が急激に進み、経済構造が大きく変化し、さまざまな分野で規制緩和が進む中、私たち消費者の生活は非常に便利になった半面、非常にわかりにくいものになりつつあり、その結果として新しい類型の消費者被害が発生してきているのである。

たとえば消費者がある取引をする場合を考えてみよう。一昔前であれば、お店に行って商品や取引の内容について説明を受け、消費者はその内容を理解した上で現金と引き換えに商品を購入したり契約を締結するというのが取引の基本であった。しかし、金融商品や保険、さまざまなサービスに関する契約をみてもわかるように、今や取引の内容そのものが極めて複雑になり、消費者は十分な説明も受けられず、内容を理解できないままに取引をすることも多い。代金の支払いも同じである。現金で一括決済することよりも、むしろクレジットなどのさまざまな制度を利用することが多くなってきている。しかし、自分が利用したクレジットの仕組みを十分に理解している消費者が少ないのではないだろうか。

このように複雑でわかりにくくなってきている取引社会の中で、どうすれば消費者が自分の財産を守り、業者と対等な立場で納得のいく取引を行うことができるのか、これこそが現代の消費者問題の課題といえよう。

悪質業者に対する規制や取り締まりだけでは、こうした現代的な問題状況はもはや解決できない。必要なのは、消費者が関係する取引についての消費者の視点にたった公正なルール・法制度の整備であり、そのルールを業者に守らせるために、業者の不当な契約内容の押しつけや不当な勧誘行為を、被害にあう前に消費者が差し止める裁判制度の整備である。これを実現するには、消費者が受け身ではなく、積極的に活動を起こすことが必要だ。関西では特定非営利活動法人「消費者ネット関西」の設立に向けて、消費者問題の専門家や学者、弁護士が準備を進めている。消費者のための新しい司法制度の実現のために多くの市民が活動を起こすことを期待したい。

V章

弁護士の役割・その素顔

磯野英徳

磯野　英徳（いその　ひでのり）
昭和 22 年生まれ
本籍　和歌山市
中央大学法学部法律学科卒業
大阪弁護士会所属弁護士

（著書・論文）
『詳解宅地建物取引業法』（共著　大成出版社）、『知っておきたい日本の司法実務（和英対訳）』（啓文社）、『物権・担保物権法』（共著　法律文化社）、『宅地建物取引での弁済業務保証金還付と対象債権の範囲』（民商法雑誌第 120 巻第４・５号）

調停の始めは〝家出の手助け〟――夫婦げんかは命がけ

昭和五三年に大阪弁護士会に登録し、早くも二三年目を迎えている。この間取り扱った夫婦の事件、遺産相続の事件は、数知れずという感じである。特に夫婦の事件を取り扱いながら、いかに男女の問題というのは難しいものかを、つくづく感じさせられている。同時に、人間に対する深い愛情と、理解がないままこれらの事件を扱ったとき、当事者に与える苦痛の計り知れないことを恐れながら悪戦苦闘し、よい解決に向け毎日取り組んでいる状態である。

この悪戦苦闘ぶりをみなさまにお伝えし、不幸にも弁護士の門をたたかざるを得なくなったときに、どういう考え方をしていくべきなのか、事件というものはどういう展開をしていくものなのかをお話ししたいと思っている。ただ、我々には守秘義務があるため、大幅にアレンジせざるを得ないことを了承頂きたい。

裁判所に離婚調停を申し立てる前に、当事者、弁護士が予めしなければならないことは沢山ある。

最も緊迫するのは、夫の暴力に耐えかねて「今から家を出たい」「帰ったらまた何をされるかわからない」と言って、法律事務所に飛び込んで来られるときである。顔に青痣もあり古い切り傷もみえる。警察は夫婦喧嘩には関与してくれない。一一〇番しても、一度は来てくれても、度重なると相手にされなくなる、などとはよく聞く話である。実際、「夫婦喧嘩は犬も食わぬ」という。しかし、当の本人は本当に命がけなのである。

だから弁護士としては、まずスムーズに家を出られるようにタイムスケジュールを組むことから始める。「家出の手助け」である。

とにかく、一旦は家に帰り、貴重品やすぐに要る必需品を、夫にわからないようにまとめ、行き先を確保すること、夫のいない時間を見計り、引越業者に通常の倍以上の人数を手配してもらい、短時間で荷物の搬出ができるように手配すること、そして何よりも青痣についての診断書をもらうことを指導する。そして弁護士としては、妻が家を出たそのすぐ後に着くようにタイミングをあわせ、速達による弁護士名の手紙で夫に「引導」を渡し、「全権の委任を受けているから、以後の交渉相手は妻ではなく、弁護士であること」を知らせる。同時に、最寄りの警察署にも弁護士名で連絡を入れ、パトロールの強化をお願いする。

このようにして、「離婚の幕」は切って落とされるのである。多くは、妻は無事に家を出て、夫は愕然としながら手紙を読み、妻の弁護士あるいは自分の弁護士に電話をかけることとなる。妻のその他の荷物は、話し合いにより、場合によっては動産引渡仮処分等により、後でゆっくりと弁護士立会の下で混乱なく引きあげることができる。

「いい幕切れ」目指して――依頼人の人生、争いで終わらせたくない

事件依頼を受ける弁護士からみて、離婚事件はかなりハードな気を使うものである。単に法律を適用するだけでは決して片がつかない。また、調停を不調にし、訴訟にもっていっても、結局は話し合いでかたをつけなければならない場合が多い。それならば、最初から話し合いで片をつけることを前提に、方針を立てた方が正しい。そうなると、受任弁護士としても単なる法的な知識だけではなく、全人格をもって事件の解決にぶつかざるを得なくなる。

私は、昭和二二年に和歌山市加太という小さな、だけど歴史の古い、本当に古里といえる漁村に生まれた。地元の加太小、加太中、桐蔭高校を卒業後、中央大学に進み、司法試験に合格した。大学卒業の年に結婚し、ようやくその後で合格したわけだが、その間の苦労が離婚事件などの解決に随分役立っているように思われる。弁護士を目指した動機が、人間にごく関係の深い仕事につきたいという気持ちであったことも、家事事件に躊躇なく入っていける素地となっていたものと思われる。

事件処理をしつつ、いつも心を砕くことは、依頼者の人生にとって最もいい解決方法とはどういうものだろうかということだ。受任弁護士としては、できるだけ第三者的立場で物の考え方の筋道をアドバイスしなければならない。当事者双方が置かれている立場を深く理解し、依頼者が

到着すべき、依頼者にとって最もいい形の解決結果、結末とは何か、それに至るためにはどのようなプロセスを辿るべきかを考え、強烈にその事件の「いい幕切れ」をイメージするのである。

人生は、誰にとってもたった一回の、まさしくワンチャンスである。中学生の頃、恩師に「人生とは何か」と尋ねたことがある。質問に対し、「人生とは浜辺にうち寄せる波だ」と教えられた。海で育った人は、すぐその意味が飲み込めると思う。波は、まず沖でうねりとなって現れる。そのうねりが最大となり、波頭が生まれる。それがシャワシャワと音を立てながら、バッサーンと割れ、いっぱいの泡と共に浜辺に流れ着き、また引いていく。地球に海ができてから何十億年もの間、きっと二度と同じ形の波は生まれなかったと確信できる。このワンチャンスが人生なのだ。だから、納得のいかない形で一生を送ることはできず、その貴重な一日一日を紛争のために費すわけにはいかない。そのことを弁護士もよく自覚し、依頼者の人生のもつ重みを感じながら、早期に妥当な結論を見出すにはどうすればよいか心を砕かねばならない。弁護士は依頼者と共に、「いい幕切れ」とは何かを議論し合い、それを強く心に描き対処していくべきだと考えている。これが、依頼を受けた弁護士の基本姿勢である。

財産分与は調停調書で――女性が離婚を求める場合、証拠を集めて

女性から離婚を求める場合、「離婚」と、それに付随し「子の親権者の指定」「養育料の請求」、

婚姻後に取得した財産の清算つまり「財産分与請求」、夫の不貞、暴力などが原因となっているときは「慰謝料請求」をなすことができる。また、子の親権を得られない相手方からは、「子の面接交渉」が求められることがある。なお、離婚問題が解決するまでの間の生活費を、別居中の妻が夫に「婚姻費用の分担」として求めることもある。

女性から事件依頼を受けた弁護士として特に注意することは、依頼者の訴えに添う証拠があるかどうかである。本来、夫婦間の事柄には証拠がないことが多い。いざ訴訟になれば、それまで認めていた相手が前言を翻し、全く別のことを言い出す場面によく出くわす。だから、事前にできる限り証拠をとっておく必要がある。動かぬ証拠として相手に突きつけることにより、早期解決も期待できる。証拠を握る手段として、探偵社を使うこともよくある。ただ、探偵社には色々なものがあり、多額の費用を請求され、もらえた調査報告書が極めて拙く、裁判所に証拠として提出することの不可能な場合もある。妥当な費用で、最後にはその調査員に法廷に立ってもらい証言を得られるような探偵社に頼む必要がある。

もっとも、探偵社による調査を行い証拠をつかむ必要のある事例は、私の取扱った離婚事件の中では、ごくまれである。しかも、それらの多くの調停は不調となり、裁判手続にまでもつれ込んでいる。探偵社にまで頼まなければ証拠が握れないほど微妙だから調停での成立が不可能だったのか、その原因は明確ではないが、証拠が無ければ確かに不利ではあるものの、仮に証拠を突きつけても微妙な言い逃れをするなどして解決が長引く。だから、離婚事件は証拠の応酬による決着よりも、早い時期からの話し合いによる解決という方向で、方針を立てる方が妥当な場合が多いように思われる。

その他、女性からよく受ける相談としては、子の親権や財産分与、養育料などの条件について全て話し合いができているが、何となく不安だという場合がある。相談者は法的な文書を作ってほしいという意味で来られるのであるが、我々としては、仮に合意ができていても、さらに裁判所に調停の申立をし、是非調停の場で合意するように指導する。財産分与についていえば、現金を分けるのであれば問題はないが、不動産をもらう場合、確実に名義を移してもらう手続がやっかいであること、これに税金問題も絡んでくる。養育料に至っては、長年月にわたることなので途中で仕送りが途絶える恐れがある。これらのときのために家庭裁判所で合意しておけば、調停調書が作成され、その調書には強制執行力があるので、相手が約束に反したとき給料の差押などができ、対処しやすいのである。

男性も調停申請を——実家に頼り離婚を求める若い妻

男性から依頼を受ける最近の離婚事件にはある傾向が見られる。

昔であれば我慢し、あるいは解決していこうと努力していた場合でも、妻が簡単に実家に帰り離婚を求めてくる。男性としては高い結婚費用も出し、ようやく生涯の伴侶にめぐり合えたと思っていた矢先に「女房に逃げられる」という事態に遭遇するわけである。

女性の地位が向上していること、実家の親に資力があり、娘と孫くらい養えると考えているからか、このような事例が多発していると思われる。夫婦が長い期間共に生活をするについて、色々な難事件が発生することは避けて通れない。それを乗り越えて本当の夫婦となっていくのであるが、実家の親が、娘が苦しんでいるのを見て「何も辛抱することはない」と実家に呼び戻すのは安易過ぎる。孫を手元に置きたいとの両親の手前勝手さも感じられる。女性自身にも、今まで苦労という苦労を感じず育ち、「人生は安易に生きられる」、「楽しむべきものだ」という考えが先に走り、地に足のついた生活をするという自覚のないまま、わずかの夫婦間のトラブルに対処する術も知らず、すぐに家を飛び出し、離婚だと主張するのである。

家庭裁判所は離婚する為だけにあるのではなく、夫婦の問題を調整し円満に元の鞘におさめてくれるところでもある。古い考えといわれるかも知れないが、子どものことを考え、夫婦は辛抱強くなければならないと思う。このような場合男性側としてはすぐに夫婦関係調整の調停を申し立てるべきである。

その他、男性から相談を受ける場合のよくあるパターンとして「亭主は元気で留守がいい」というものがある。これは、子がある程度大きくなった夫婦に多い。若い夫婦の、辛抱の足りない離婚事件とは違い、二〇年前後の長い間の鬱積するものが離婚に駆り立てるのである。夫の収入もある程度高額で、婚姻費用の分担として一定の金額の仕送りがあり、住む家も確保されている場合で、夫が強く離婚を求めているが妻がこれに応じてくれないというパターンである。妻としては、子の教育なども考え、現時点で離婚という形で清算してしまうことに将来の大きな不安を感じる。幸い、夫は家を出ていっているので、離婚するしないにかかわらず生活に変更は生じない。それなら、粘れるだけ粘って離婚を先送りにして、充分な婚姻費用で今の生活を続けていこうと考えるのである。

妻の言い分もわかるが、やはり人生は一回きりのものである。子の養育に不安があるなら、夫にその義務を充分果たさせればよい。調停の場を借り、本音の話し合いをすればよいのである。早期解決のための具体的な方法を探るためには、是非当事者双方が同席し議論を闘わす、いわゆる同席調停の方法を家庭裁判所が取り入れるべき時期に来ていると考える。

熱意と愛情で早期解決――遺産分割調停、関係者一丸で

私の事務所では遺産分割事件も取扱っている。新しい方式による遺産分割調停手続について話してみたい。

遺産分割事件も長いものになると一〇年以上かかっている。兄弟間で争い、兄が死んでもその子、つまり甥、姪との間で争い続けている。遺産の額が大きいこと、感情的なこじれがきついことが原因と思われる。

遺産分割事件は結局は、自分のものではなく親がつくった財産の分け方にしか過ぎないことを、当事者はよく理解すべきと思う。そして、まず遺産の総額がいくらなのかを早期に知ること、最初の段階で当事者は言いたいことを目一杯言うことが、結局早期解決に繋がっていくものと思われる。もちろん、言いたいことを言うだけで止まってはいけない。言ったうえで、法的に合理的な分け方とは何かを皆で考え、最終結論に達する必要がある。このとき感情論にいつまでもこだわっていれば、一〇年、二〇年の闘いになるわけである。

新しい形の調停手続を実践しているのが、本書の第一回に登場した井垣判事である。まず具体的には、遺産分割調停の申立がなされると、不動産鑑定士の調停委員によって現地調査のうえ、不動産の価値についての意見書の提出をうける。その他の調停委員も現地を検分し、当事者から色々な事情を現地で聞き、当事者の生活ぶりなどを知る。これらをもとにして、当事者からさらに家庭裁判所で忌憚のない話を聞き、調停委員会にはかる。弁護士の調停委員もいるので、裁判官とともに法的な面についても議論をし、この段階で叩き台としての調停案をつくる。そして、第一回の調停期日に調停委員会としての遺産分割案を示し、調停が進められるのである。

私の経験では、二年近くはかかると覚悟していた遺産分割調停がその半分で済んだと思われる事例がある。

結局遺産分割の場合、お互いの腹の探り合いや、遺産をいくらと見るか、相手の寄与分をどう見るかなどに多くの時間が費やされ、結局長時間が必要となっていると思われる。そこでまず総遺産額を裁判所に示してもらい、充分に自己の意見を聞いてもらったうえで、客観的な解決案を早い時期に裁判所から出してもらえれば、多くの場合当事者は、多少の不満はあっても「まあここらぐらいが落ち着きどころかな」という気持ちの整理がつくのでないかと思われる。大阪家庭裁判所岸和田支部の場合で、さらに早期解決を可能としている原動力に調停委員の方々の積極的な働きがあげられる。関係当事者が一丸となって、できるだけ早く、当事者のためにいい解決ができるよう力になろうという熱意と愛情が早期解決を可能にしていると思われる。

遺産分割事件というもの（1）——相手の立場も理解を

時々私は、裁判所の門をくぐるとき「ああ！　今この建物の中は、権利を守るため沢山の人の命がけの戦いが渦を巻いているのだなあ」との感慨に浸ることがある。本来裁判は戦いであると考えている。真実がその人のバックにあっても、それだけでは勝つことができない。真実に基づき、しかもそのうえで戦った人のみが勝訴判決を得ることができるのである。裁判にかけられた人の素朴な意見として「自分は正しく、真実は一つだから黙っていても裁判官は分かってくれる」との考えがあり、準備もせず、極端な場合は、裁判所からの呼び出しを無視し、出頭すらしない人を見受ける。

仮に訴訟が言いがかりのものであったとしても、これと戦うことによって初めて、裁判所がその正しさを理解し、権利を守ってくれることを知る必要がある。

貸金請求などの民事裁判の場合、もし第一回の裁判の日に出頭しなければそれだけで負けてしまい、たとえ真実は借金返済ずみでも判決に基づき強制執行をされてしまう。

遺産分割調停は裁判ではなく話し合いだから不出頭を理由に強制執行されるということはない。しかし、過料の制裁を受けるうえ、何よりもいつかは、ケリをつけなければならないことを先延ばしすることとなる。出頭し、はっきりと自己の意見を述べなければ、権利は護られない。

私は今まで沢山の遺産分割事件を取り扱ってきた。その中で感じることは、弁護士や裁判所の手を借りずに解決するためには、相続人全員がまず、遺産は自分が稼いで出来た財産ではなく、偶然親が生前中に使い切れず残したものに過ぎないこと、従って先祖からの賜り物であることを正しく認識した上で、自己の考えを率直に述べ、相手の立場を深く理解し、遺産分割の協議をする必要があるということである。

なぜ遺産分割協議がこじれるか、その原因を探ってみたいと思う。まず故人の遺志の不明確さがあげられる。これが明確で、かつ正しく相続人に伝えられれば多くの遺産分割の紛争は防げると思う。次のような一例を思い浮かべればたやすく理解できる。

いわゆる先妻の子と後妻が相続人なので、故人は紛糾することをおもんばかり、生前に弁護士に遺言書作成を依頼した。弁護士は直ちに、だれが相続人か、遺産となるべき財産は何かの調査にかかった。遺言書作成で大事なことは遺産を受ける人、遺産の内容、遺言者の意思をそれぞれ十分調査し確定することである。

この例では、遺産となる土地が都会の真ん中にあり地番、境界が極めて入り組んでおり、故人の望むように土地の三分の一を先妻の子に、残る三分の二を後妻に分けるためには、何筆にも分かれている土地をどこから分ければいいか、特定が困難である。ようやく遺言書原案が出来、公証人から公正証書遺言作成日の決定をもらい、その日を待った。

ところがその前日になって突然本人が脳出血で死去するというハプニングが起こった。ただ幸い、たった一回の協議で遺産分割協議が成立した。次回は何故それが可能であったか、その後の処置を述べる。

遺産分割事件というもの（2）――公正証書で早期解決

遺産分割紛争を未然に防ぐ一つの方法は、故人の遺志を明確に残すことである。公正証書遺言が最適である。しかし前項のケースでは、故人はその作成日の前日に突然死去してしまった。遺言は厳格な要件を求められるため作成前に効力は生じない。

ただ依頼を受けた弁護士は公証人に遺言書原案を提出するため、故人とたびたび会い遺志を具体的に聞いていた。本来跡継ぎとなるべき長男と、まだ再婚して日が浅い後妻とが、なぜ遺産を一対二の割合で相続するのか。長男の将来と、後妻と再婚することとなったいきさつ、その時の約束などを具体的に手紙にも書き、故人は弁護士との間でたびたび打ち合わせを行っていた。

そこで弁護士は遺言としての法的効力はないことは承知の上で、なんとか故人の手紙を利用する方法はないか考え、結局遺言書検認手続を採ることを決意した。遺言書を発見した者は、民法に基づき直ちに検認を受けるため家庭裁判所に届け出なければならず、怠った者は過料の制裁を受ける。

そして検認手続制度の趣旨は、遺言の効力を確定するところにあるのではなく、裁判官の面前でそのような書面が存在することを相続人間で確認するところにある。従って遺言としての効力の有無にかかわらず、検認手続をとることは一向差し支えない。

弁護士の狙いは、故人の手紙には遺言としての効力がなかったとしても、相続人全員が裁判所に集まること、裁判官の面前で故人の書いた書面であることを確認してもらうところにあった。そして本当のねらいは、故人の手紙を通じ故人の明確な遺志を相続人全員に確認してもらうこと、うまくいけば引続き裁判所の場を借り一気に遺産分割協議を成立させてしまうことにあった。

ねらいは的中し、相続人全員が手紙は間違いなく故人のものであることの確認をした。すかさず弁護士は裁判所に頼み部屋を借り、そこで手紙の内容を詳しく説明し、まさにそのとおり公正証書遺言を作成するための日まで決められていたことを訴訟日誌を示し説明し、故人の遺志を全員に正しく理解してもらうことに成功した。

そして一気に弁護士があらかじめ準備していた公正証書原案どおりの協議分割書に全相続人か

ら署名捺印を得られた。

もしもめれば二年は覚悟しなければならないこのようなケースで、たった一回の協議で成立が可能となったのである。

故人の遺志が、正しく相続人全員に伝えられたため、お互いの疑心暗鬼が生まれず、素直な気持ちで協議できたことが早期解決につながった。解決の時「故人がそこまで考え、公正証書の日まで決まっていたのであれば、当然故人の遺志を尊重するのが何よりの供養になります」と述べた長男の言葉が印象的であった。

遺産分割事件というもの（3）――長期紛争を避けるには

今回は長引く遺産分割調停の原因と対策を考える。例えばのケースとして、大阪近郊の農家がある。所有地近くに鉄道新駅が出来たので地価が高騰した。農地解放以前からの自作農地所有者が、妻と子（男）三人の相続人を残し死亡した。故人と妻は、次男と同居していた。兄弟仲がよくなく遺産分割協議ができないため、次男が調停を申し立てた。

調停では次男が、長男に対し父母を捨てたと厳しく非難し、また父母扶養による寄与分は遺産の二分の一だと譲らない。他方、長男は、逆に次男が遺産を独り占めしようとしていると、その陰謀を暴き立てる。この応酬が約一年続いた。全然先の見通しが立たないまま、不動産の時価についても対立が生じ、また三男も父名義の価値ある農地の一つは、自分が買ったが、当時自分には、農業従事者の資格がなかったので父の名義を借りたのだと言い出した。

このケースの難しさは、成育過程からの兄弟間の確執、老父母の看護扶養（寄与分）、長男であることの意識、三男の所有権主張による遺産の範囲の不明確さなどにある。このような事例で、当事者の言うがままの主張をしていれば埒があかず、兄弟の誰かが死ぬまで調停が係属する。仮に死亡し、甥・姪が承継してもその潮時を誤れば、さらに争いは続くことになる。よく似た事例で、長男が死んでも埒があかず、一五年間続いた例もある。

では、早期解決のためにはどうすべきか。裁判所、調停委員、代理人弁護士が本当に当事者のためになる解決とはどの様なものであるかを、当事者の立場に立ち、真剣に、明確かつ具体的にシミュレートすることが、まず第一である。経験を積んだ法律家であれば、事件の展開を予測することは可能であり、落ちつき所を知ることは容易である。それを真剣に行えば当事者の納得を得ることは出来る。次に早期に不動産評価を行うことが大切である。分割すべきパイの大きさを明確に示してあげなければまとまる話もまとまらない。

また、不明確を良いことに自己に有利に曲げて主張し出す者も出る。そしてある程度の「あく抜き」と言っては語弊があるが、当事者の主張が出尽くし、後は堂々巡りが始まるという段階になったとき、不動産の評価、調停委員による現地での調査結果、聴取事情、当事者代理人の意見などを総合し、所有権主張を始めた三男の立場も考慮して、果敢に裁判所は調停案のたたき台を示すべきである。それでもまだ当事者において感情論に拘泥するならば、裁判所は、早期に調停案に即した、審判を下すべきである。

以上の方法は、大阪家庭裁判所岸和田支部で取られているものを参考にするものである。私の考えの根底には、以前述べた「遺産というものは、単なる先祖の贈り物である」「贈り物のために残された遺族が、争いに明け暮れ、あたら一生を棒に振るのはいかにももったいない」というものがある。

不動産取引というもの（1）——土地の接道義務確認を

私の事務所は不動産取引事件を多く取り扱っていること、また宅建協会等で講義をすることが多いので、不動産取引のトラブルに接する機会が多い。トラブルの最大の原因は、不動産を規制する法律が極めて多いため、期待通りの土地利用ができなかったり、権利すら移転しない場合のあることがあげられる。

仮のケースとして次のような場合を考えてみよう。ある建て売り物件として、一定戸数の分譲住宅の一区画を、三五〇〇万円で購入した人がいる。購入後将来の立て替えを考え、市の建築振興課に相談にいった。市の回答は、「気の毒ですが、あなたの場合は建っている建物自体違法建築で、この土地には家を建てることはできません」とのことであった。理由は「接道義務を果たしていないから」である。接道義務とは、建築基準法上の制限で、原則として家の敷地が二メートル以上公道に接する義務があるということである。実際この程度の幅で公道に接していなければ、いざ火災が発生しても、消防車がその家に近づくことすらできないという事態が起こる。

相談者は、驚いて法律事務所を尋ねた。弁護士に建築確認通知書を見せると、「一見接道義務を果たしているように見えるが、建築確認図面は真実のものではなく後日都合の悪い図面をはがし、都合のいい図面に綴じ変えている」といわれた。建売業者が当該土地にできるだけ多くの家を建てようと考え建築確認図面を勝手に変えて家を建て、分譲していたのだ。普通、購入者は死ぬまで住み続け、建て替えることはないため、表面に出ずじまいの場合が多いのである。

本件敷地の前面には、四メートル幅の私道があり、日頃はその道を通って生活をしているので不便はない。ただ、その私道は奥に位置する他の二軒の建物所有者が建売業者と契約し、通行権を設定しているため、その人らが確認申請をするための道としては使えるが、相談者が建築確認を受けるための道路にはなり得ない。

依頼を受けた弁護士は、すぐに現場に行き現状の調査をした。幸い、建売業者が隣接地を所有していたので、これを仮に差押えた。分譲を間近に控えていた建売業者は、すぐに和解を求めてきた。結局、隣接地に相談者のために二メートル幅の通路状の土地を作り、その名義を相談者に移すことで解決した。

接道義務という言葉自体知る人は少なく、前面に道路があれば安心するのが人情である。住宅買換え時、現所有地を下取りに出す際にも同じような問題が吹き出る。今一度読者も自分の土地が接道義務を果たしているか、調査されてはどうだろうか。

不動産取引というもの（2）――宅建業法は強い味方

不動産取引を困難にするその他の原因として、宅建業者とのトラブルの発生があげられる。宅地建物取引業法はこのようなトラブルから購入者の利益を守ることを目的としている。私は宅建業法の本を共著で書き、日頃からこの法律に強い関心を持っている。仮のケースとして、次のような場合を考えてみよう。

注文建築風イージーオーダーの建売住宅を購入し、手付金を入れた人がいる。間取りについては詳しい打ち合わせができたが、材料などの建物の中身については全く話し合いがなかった。不安を感じて現場担当者に聞くと、考えていた金額よりはるかに低い金額で建てようとしていることが分かった。幸いまだ設計図すらできていない段階であり、手付金の額も極めて低かったので、これの返還は求めないことにして、解約を申し入れた。しかし業者はこの申しれを拒否した。

理由は契約で定めた手付解約期間が過ぎているからということである。普通、手付を入れておれば、売主が建物を建て始めるなどの具体的な準備行為に入る前であれば、「手付ながし」により契約を解除できる。

ところがこの業者は、契約書に「契約締結から一日経てば手付ながしによる解約は出来ない」という条項を入れていたので、それを根拠に解約申し入れを拒絶したのである。しかし、宅建業法は、手付解約権を制限するなどの買主に不利となる合意は法的効力を生じないと定め、法的知識のない購入者が不当に契約に縛られることがないように規制している。本ケースのようにわずか一日で手付ながしができなくなるとの特約は、素人を引っかけているといわれても弁解できず、もちろん無効である。

なお、購入者を宅建取引のトラブルから守るため、各市町村に宅建指導係をおいている。不動産取引で業者とトラブった人は、まずここを訪ねることをお勧めする。そこでは誰でも宅建業者名簿を見ることができ、さらにそれをもとに処分歴を知ることができる。

弁護士も宅建指導係の力を借りることがある。購入者から相談を受け、宅建業法に違反している事実を突き止めたときは、裁判所に訴訟を起こす前に、訴状と同じくらい詳しい申立書を作成し、証拠までつけて出す。弁護士の証拠に基づく詳しい申立により、指導係が迅速に行動することを期待できる。

申立を受けた指導係は、申立人から事情を聴いた上で、理由があると認めれば業者を呼び出す。ほとんど例外なく業者は出頭する。呼び出しを無視すると、業務停止、免許取消処分を受ける恐れがあるからである。業務停止を受ければ、目の前の取引すら行えず、無視して行えば事案によっては懲役の可能性もある。指導を受けた業者は、多くの場合すぐに購入者に連絡し、和解を求め、中立の取り下げを得ようとする。かくて早期解決となり、購入者の利益が守られるのである。

増加しつつある弁護士——もっと身近な存在に

今日はインタビュアーのAさんが、磯野英徳法律事務所を訪問いたしました。弁護士の実体に迫ってみたいと思い、磯野弁護士には本音を語っていただきます。法律事務所訪問の機会はめったにないので、わくわくしています。これが事件依頼での訪問だとどきどきですが。

A　こんにちは。

磯野　ようこそ。久しぶり、元気にやっていますか。

A　はい。早速ですが、この事務所にはどういう方々が働いているのですか。またどんな事件を扱っていますか。

磯野　私の事務所には事務員五人、弁護士四人が働いています。規模としては大阪では中堅の下かもしれません。弁護士一人と事務員の事務所も多く、弁護士一〇人以上の事務所はあまり多くありません。取扱事件の種類は不動産取引、銀行取引、担保保証、交通事故、離婚、遺産相続などの他一般的に何でもやっています。

A　ある分野を専門的にやっている弁護士はたくさんいるのですか。

磯野　今のところ日本の弁護士はあまり専門化していません。アメリカでは「離婚でも特に男性側を専門にしている」などというところまで専門化しているようですが。ただ弁護士の数が増えれば、日本でも専門化するでしょう。競争が激しくなるため、専門化により特色を出す必要性がでると思われるからです。

Ａ　最近弁護士の数を増やそうという動きがあると聞いていますが、実際のところはどうですか。われわれ依頼者に何か影響がでますか。

磯野　間違いなく増加していきます。世の中が今までの規制社会から、自由競争社会に大変換されて行き、政府は単に公正競争の土俵を確保するだけで、後は各自が知恵を絞って競争しなさいということになりますから、おのずから競争によるトラブルが続出します。そのとき迅速にトラブルを解決するシステムがなければ世の中は大混乱です。トラブル解決の人員も増加されなければなりません。私の頃は裁判官・検事・弁護士になるための司法試験合格者数は五〇〇人くらいだったのが、今では約八〇〇人になっており、これからは一〇〇〇人から一五〇〇人になり、さらに三〇〇〇人とすべしとの主張もなされています。人数が増えることによって弁護士がもっと身近になることは間違いありません。ただ弁護士間の競争が激しくなるので、いろいろな弁護士が生まれてくるでしょう。極端に言って、能力、誠実さ、使命感、迅速性、弁護士費用などの点において多様化されると思います。既に日経ビジネスという雑誌では、弁護士ランキングが始まっています。そのうち名医でなく名弁護士ランキング雑誌がでるかもしれません。ただランキングの仕方が正しいかどうか知るためにランキング雑誌をランキングする会社が生まれるかもしれません。一般の人としては弁護士が身近になり選択の範囲が広がる反面、その中から自分にとって適切な弁護士を選ぶ方法に苦労する時代がくるかもしれないということです。

A　次回は事件処理の苦労話を聞かせて下さい。

弁護士の世界も広告規制緩和——新しいルールが必要

A　今回は顧客獲得の苦労を聞かせて下さい。

磯野　法律事務所の実体は中小零細企業です。だから事件処理から始まって営業活動、事務所経費、従業員の管理、備品の整備、弁護士会活動などをすべて所長一人でこなし、神経の休まることがありません。ただ良くも悪くも全責任は私にあるので、未来を展望しどのような事務所にしていくか考え、実行していく楽しみはあります。

A　弁護士も営業活動をするのですか。

磯野　依頼者つまりお客さんですから、その獲得のためには当然、営業活動はします。ただ弁護士としての活動は営利を目的とするものではありませんから、おのずと一般企業の場合とは違い、お客をつかもうとしての営業活動はできません。たとえば弁護士は広告宣伝をすることが原則として禁じられていました。弁護士自身が、広告により顧客をつかもうとするなど営利活動に走らないようにするため、また不当な広告で国民の判断を間違わせないようにするためです。

Ａ　でも国民の側からはどの弁護士が何を得意とするか知りたいです。

磯野　私も行きすぎた広告規制は時代の波にそぐわないと考えています。規制緩和により自由競争を促しておきながら、競争するときの武器となる弁護士についての情報が与えられなければ、結局は誤った選択をしてしまうことになります。このような要請を受け、日本弁護士連合会は平成一二年三月に弁護士の広告を原則自由としました。

Ａ　インターネットのホームページに法律事務所が出ていますが、あれは広告ではないのですか。

磯野　もちろんかつては規制対象となる広告でした。今まで予測しなかったメディアですので、規制すべきなのか、どのようにして規制すべきなのか、考えがまとまっていなかったようですが、今回の改正により自由となりました。

Ａ　インターネットでどんな広告が出ているのですか。

磯野　弁護士の写真入りで、得意分野などの紹介が出ている場合もあります。

Ａ　そうなると信頼できそうな風貌がこれからの弁護士には求められますね。

磯野　今でも陪審員制度をとるアメリカでは、陪審法廷に入る前に専門の美容師にメーキャップをしてもらうという話を聞いています。

Ａ　弁護士も映画俳優並みですね。

磯野　ここに落とし穴があります。見た目にいい弁護士が本当に依頼者のためになってもらえる人かどうかは別問題です。地道に専門分野を研究している人のほうがいいと思いますが。いずれにしても弁護士の世界も国民の選択を誤らせないような広告についての新しいルール作りが早急に必要です。

Ａ　広告以外にどのようなところから依頼者がくるのですか。

磯野　広告自由となった今でも、現実の依頼者は広告によって弁護士を決めるのではなく、結局従来どおり口コミが中心になるのではないかと思います。広告の進んでいる米国でも、いい弁護士は口コミで依頼者が訪ねて来ると聞いています。だから弁護士としては広告に頼るのではなく、講演を引き受けたり、本を書いたり、大学に講義に行ったり、いろんな集団の世話役を引き受けたり、一人ひとりとの繋がりを大切にして、徐々に徐々に輪を広げていく中で結果として私の行動を見てくれていた人が、法的問題に直面したとき、私の顔を思いだしてくれて依頼者となられるのです。私の経験から考えて、五年単位のつき合いの中から信頼を得て、事件依頼につながり、また、口コミで広げてもらえるのです。だから弁護士として一番活躍できる年齢は口コミの輪が拡がり、多数の方々の信頼を得られる五〇歳位からの一〇年間というのは実感です。

事件処理の苦労話――難しい幕切れの予測

Ａ　今回は事件処理をしていく上での苦労話を聞かせて下さい。

磯野　判決は結局裁判官が下すことですから、人間としての裁判官の心の琴線に触れなければなりません。しかも事実は一つのように見えて、実は見る人、見る時間、見る場所、見る人の気持ちの持ち方によって異なるのです。裁判においてはオールマイティーである裁判官の立場から見ての真実が重要な真実となるのです。ここに弁護士の腕の見せ所があり、苦労があるのです。

Ａ　裁判官の心の琴線に触れる方法は。

磯野　まず事件に真剣にとり組む事です。難しい事件になると片時も私の頭から離れず、事件の流れを繰り返し繰り返し考えます。そうすると、その事実があるならば必ずこの事実もあるはずだと、ふっと頭に浮かぶのです。そこに真実があり、この時裁判官の心の琴線にふれることができるのです。

Ａ　真実かどうかはどのようにしてわかりますか。

磯野　難しいことですが、私の経験では真実に基づく話は調べれば調べるほど真実であるとの確信が持ててきます。よくできているが真実に基づかない話は、調べれば調べるほど話の筋に無理が生じ、結局わけのわからない状態になります。真実かどうかを見極める力の源は、その弁護士の豊かな常識と人間性に求められると思います。

Ａ　真実をつかむことで苦労されたことは。

磯野　八〇歳近いお年寄りから受けた事件で、三〇年も前の事実を証明しなければならないことがありました。既に記憶力もかなり落ちていましたが、何度も打ち合わせをし、時には叱咤し激励しながら過去の記憶をたぐり寄せました。最初の頃は「もう年だから覚えていない」の一辺倒でしたが、ひょっこり思い出した事実を基に、「そのような事があるのなら、きっとこのような事も在ったはずだ」という風に記憶の糸を根気よくたぐっていきました。そしてついに周りの誰もが知らなかった、当時その事件に深く関わっていた証人に行き当たったのです。早速連絡を取ったところ、運良く元気に存命していました。事情を聞くと、まさにおばあさんの言うとおりの事実が浮かび上がってきたのです。もちろんそれがきっかけで勝訴することができました。おばあさんと手を取り合って喜んだことは言うまでもありません。

Ａ　事件を受任するとき苦しまれることは。

磯野　その幕切れを予測することです。われわれは事件の「解決」を頼まれるのです。だから受任の時、どういう形で幕を下ろすべきかをかなりの精度で予測してあげなければなりません。何かの本で弁護士の起源は巫女であるというのを読んだことがあります。一般の人には理解することすら困難な法的紛争の幕の引き方を的確に予測するのです。もちろん事件の展開は水物です。裁判とは水物ですよ、といわれているのもあながち誇張とはいえません。しかし依頼者には水物では困るのです。いろいろな場合を想定し苦しみの中から未来を予測するのも、われわれ弁護士の重要な使命なのです。

相談内容で異なる弁護士費用――機械的には決まらず

Ａ　今回は弁護士費用についてお聞きします。よく費用倒れにならないのかとの心配を聞きますが。

磯野　弁護士会の報酬規定があり、決して高くありません。

Ａ　費用の種類にはどのようなものがありますか。

磯野　着手金、成功報酬、実費などに分かれます。

Ａ　それらはどういう基準で決められるのですか。

磯野　実費は裁判所に納付する印紙代、弁護士の交通費、書面取寄せ費などの実費です。着手金は依頼の時に、成功報酬は成功した場合に限り、その時点で支払います。必ず必要なのが着手金と実費です。着手金は依頼者が得られるであろう経済的利益を、報酬は現に得られた経済的利益を基準にし、さらに事案の複雑さ解決期間を考慮し、一定割合と決められています。

Ａ　離婚調停の費用は。

磯野　離婚調停だけが依頼内容の時は着手金は二〇万円以上五〇万円以下と規定されています。実際の離婚事件は離婚だけでなく、親権指定、慰謝料、財産分与、婚姻費用分担などいろんなものがついてきます。これら解決すべき案件の数、内容なども加算対象となります。

Ａ　では一体いくらになりますか。

磯野　機械的に報酬規定を適用すると金額がふくらみます。各弁護士が自分なりに基準を作り高額にならないように工夫していると思います。依頼者の資力も考えざるを得ないと思います。離婚の相手が特に高額所得者でなく、請求額も一般的で分与すべき財産もあまりない場合の離婚調停の場合、着手金、実費合わせて三五万円から四五万円くらいではないかと思います。報酬は取れた慰謝料額や財産分与額によって変わってきます。おおよそ得られた額の一割から一割強くらいと思われます。

Ａ　自己破産の場合はどうですか。

磯野　個人のサラ金破産で、財産が何もない場合は実費も入れて三五万円から五〇万円くらいだと思います。債権者の数、手続の複雑さなどによって変わってきます。

Ａ　商売などをしている事業者破産の場合はどうですか。

磯野　多くの場合破産管財人によって処理されなければなりませんから、費用は申立時に五〇万円以上を裁判所に納めなければなりません。弁護士費用は同額と考えていいでしょう。そのほか実費もいります。「金がないから破産するんだ。費用は出ない」という気持ちは分かりますが、無料奉仕はしてくれないので、親戚縁者の援助を仰ぐしかないと思います。

Ａ　相続調停の場合はいくらになりますか。

磯野　民法によれば一〇〇〇万円相続できる権利があるのにできない場合だと、着手金として四〇万円から五〇万円、報酬として七〇万円から一〇〇万円くらいが考えられます。他に実費五万円から一〇万円くらい必要です。

Ａ　お金のない人はどうなりますか。

磯野　生活保護受給者は、弁護士会の中にある法律扶助協会から援助を受けられる場合があります。そうでない人は、残念ですが援助制度はありません。交通事故の被害者の場合を考えると特に弁護士費用保険を是非普及させるべきだと思います。最近ようやく弁護士保険制度が動き始めました。

以上のように、弁護士費用は機械的には決められず、正直なところ何年経験しても費用額の決定は難しいというのが実感です。

不利益被る交通事故の被害者——弁護士つき保険開発を

Ａ　日ごろの仕事の中で矛盾を感じることがありますか。

磯野　いろいろありますが、なかでも交通事故の被害者については、つくづく矛盾を感じています。

A　どのようなことですか。

磯野　まず加害者には弁護士が用意されているのに被害者にはされていないこと、次に保険金請求手続の実体に詳しい人は妥当な賠償額が得られるのに、知識のない人は低額の賠償金で甘んじさせられる場合があることです。

A　加害者には弁護士がつくのに被害者にはつかないことによってどういう矛盾が起こるのですか。

磯野　私の経験したこととしては、例えばけがの程度がひどく個室でうなっているときに、突然加害者の弁護士から「個室での治療は不要と考えるから明日から相部屋に代わってほしい。個室分の費用は出せません」という内容証明郵便が届くのです。

A　加害者の弁護士というのは保険会社が選任した弁護士ですか。

磯野　そうです。弁護士交渉付き自動車保険があり、賠償金が高額になりそうな事件はすぐに加害者側に弁護士がつくのです。そして一般基準を上回って長期治療をしているときなどに、郵便が舞い込むわけです。

A　被害者はどうすればいいのですか。

磯野　被害者は、苦しい状況の中自分でつてを頼って弁護士を探し、反論するしかありません。

A　それはひどいと思いますね。では次に、保険手続の実態を知らない被害者にはどんな不利益が発生しますか。

磯野　まず保険会社の示す賠償金額が妥当かどうかの判断に困ります。保険会社の担当者は可能な限り低額で示談しようと意気込んできます。営利企業である以上やむをえないところもありますが、われわれが依頼される事例では、判決までいけば認められると思われる金額の半額近い額の提示がなされることも決して少なくないように感じられます。

A　妥当な金額はどのようにして知ることができるのですか。

磯野　結局判例を調べるしかありません。弁護士会には判例を研究し冊子にまとめたものがあります。弁護士が利用するための専門的なものなので一般には使いにくいと思います。

A　結局、弁護士に依頼せざるを得ないということですか。

磯野　交通事故に関しては歴然とした違いがでるように感じます。強制保険と任意保険を一括請求するのでなく、まず強制保険金をもらってから任意保険金請求をする方が被害者に有利な場合が多いとか、過失相殺の割合をどう判断すべきか、被害者の所得をどうとらえるべきか、労災保険との関係は、健康保険の適用は、事故資料の入手の仕方は、付き添い費など治療関係費の額、慰謝料額、逸失利益額などなど専門的判断の必要な事柄がたくさんあるからです。

A　被害者にも弁護士が付く保険はないのですか。

磯野　保険自由化のおかげで被害者になったとき相手と交渉せずに自分の保険から賠償してもらえ、保険会社が被害者に代わって相手と交渉したり保険金請求をしてくれる商品も開発されつつあるようです。平成一二年一〇月一日からスタートしている「権利保護保険」は、偶然の事故による損害につき訴訟などをするとき、弁護士費用が保険で賄われるというものです。全ての訴訟をカバーするわけではないのですが、まず第一歩として評価できるものです。もっとも、同時にアメリカ型訴訟社会への第一歩とも考えられ、今後どのように発展していくか予測の困難な側面も持っています。

裁判に運はつき物か――左右されない研究必要

読者から「裁判は水物であるという発言はけしからん」という趣旨の手紙を頂いた。私の担当した記事についてではないが、妙に心に残っている。

「水物」とは広辞苑によれば「運に左右されやすく、予想外の結果をみることの多い物事」とある。裁判が水物であれば、判決結果に命を懸けて戦う当事者は浮かばれない。だから決して水物であってはならない。

しかし、裁判の関係者から、確かに裁判は水物だという発言を聞くことが多い。その理由を考える。

裁判結果に弁護士の力が及ぶ割合は約三割と聞く。七割は弁護士の力量にかかわらず結果は同じだという意味だ。これを大きいとみるか否かは受け取り方だが、少なくとも、弁護士への依頼段階で、どの弁護士に依頼するかという運にさらされている。

事件の相手方にどのような弁護士がつくかも同じだ。私自身の経験から、素早く本質を見抜く力を備えた弁護士が相手につくと、確かにたちどころに幕の引き方を理解し、無用な争いをなくし本質的な部分でのみ戦い、早期に事件は解決することはよくあることだ。

これに対し枝葉末節にこだわる弁護士に当たると、一生懸命仕事はしているのだが、なかなか本質論での戦いが始まらず、従って事件の解決に至らない。本質をわきまえた弁護士に巡り会える方法は、結局口コミに頼らざるを得ない。弁護士の広告が盛んなアメリカにおいてさえ、優秀な熱意のある弁護士に出会うには、広告でなく口コミによれといわれている。

弁護士を選ぶ基準としては、やはり忙しくしている人がいい。逆説的だが、忙しい人は目の前の事件を迅速に解決していかなければ、すぐに次の事件がくるから早期処理が不可欠になり、どの事件も迅速にけりをつけていく。費用は安いほどいいが、やはり一般相場の人がいい。そして何よりも気持ちの通じ合う弁護士がいい。処理方針について決断が必要なときは必ずその選択肢と、選択したときのメリット、デメリットの説明をし、決断を求めてくれることが大切と思う。

面倒でも依頼者本人に事件解決のプロセスを体験させてくれる弁護士がいい。「わしに任せておけばいいんだ」というのは古いタイプの弁護士といえる。相手との示談交渉のいきさつを示されないまま、突然「はい一〇〇〇万円払ってください。ケリがつきました」と言われても、どこまで自分の言い分を相手にぶつけてくれたのか、不安の残るところである。私は面倒でもできる限り依頼者同席の下で、丁々発止、相手とやり合うことにしている。

次にどのような裁判官に担当されるかによっても大きく影響される。裁判官も人間だから完全ということはありえない。そのために、高等裁判所、最高裁判所があるわけだ。何が真実かの判断も難しい。

なお、法律解釈もその時代の流れを無視しては行えない。昨日の解釈は今日も通用するとは言い切れない。世の中は目まぐるしく動いているので、裁判官自身正しい判断を下すためには、世の中の動きに対し鋭敏でなければならない。シャープなアンテナでキャッチし、何時の世においても堅持すべき人間にとっての「普遍的な価値」と、「時代の中でこそ認められる価値」を峻別する能力が求められる。

このように見てくると、裁判に運はつき物との意見は、必ずしも的はずれではない側面があることは否定しえないが、だからこそ、法曹関係者は、いつも裁判を科学し、運に左右されない判決に到達する方法を研究すべきと考える。

たった一人の弁護士——引導渡す憎みたいなもの

新聞をにぎわしている極悪犯人を、なぜ弁護するのかとの質問をよく受ける。決まって私は、司法修習生時代に弁護士から聞いた「たった一人の弁護士」の話を思い出す。私はこの話を次のように理解している。

犯行が残忍で死刑に値することが確実で、証拠も明白な時、これを弁護する価値がどこにあるのかと思うような場合でも、憲法は弁護士を付けなければ法廷を開けないとしている。万に一つの誤判により、人の命を奪うことがあってはならないという趣旨である。確かに万に一つの誤判の可能性は、頭では理解できるがそれだけでは今ひとつ納得がいかないと思うのが人情である。

しかし、一寸の虫にも五分の魂があるとはよく言われる。虫にすら魂があるから侮ってはいけないという意味である。まして極悪犯人であっても人間である。日本中の人から死刑を求められ、人間扱いされない状態でも、やはり聞いてほしい犯行に至る事情がある。犯罪者の心理として、普通の人間でいたいとの願望は強い。誰も社会からつまはじきにされて生きていたいとは思わない。誰の心にも善行をしたときに快感が生じるようになっている。だから、極悪な犯行をするにしても何かの言い分が、あるいは生い立ちのつらさがあるのは当然である。極悪人自身死刑にされてもやむを得ないと思っているかもしれないが、せめてこのことだけでも聞いてほしい、その上なら潔く死刑を受けようと思っているかもしれない。

このような時、「たとえ全人類が君の敵であっても、たった一人私だけが君の見方だ」といって、弁解を聞いてやり、世間に向かって反論してやる人間がいてもいいではないか。そうすれば極悪人は仮に地獄に堕ちるにしても納得していけるのではないだろうか。引導を渡す僧侶のような役割である。これが「たった一人の弁護士」なのである。その過程で実は真犯人が他にいるということが分かる場合もある。未熟な人間のすることであるから明白な立証がなされていると思いこみをしている場合もあるかもしれないのだ。

弁護士の役割は様々である。国が司法修習生一人のために使う費用は、我々の昭和五〇年初頃で二〇〇〇万円は下らないといわれていた。そのようにして国が育てた弁護士が、一人の国民の依頼を受け、国に対し違法行為を理由に裁判を仕掛けることもある。弁護士の使命として何の不思議もない。私はかねがね、ある国の文明度を知りたければ、その国の弁護士がどれほど生き生きと仕事をし、正しい仕事をしたことで何の不利益をも受けていないか、できたら生活の保障もなされているかということを調べてみれば分かると思っている。弁護士に対する国の評価度合いを見れば、その国の文明度が分かると思うのである。国家の持つキャパシティー、あるいは、国家の成熟の度合いといえるかもしれない。極悪犯人に対しても、皆と同じように弁解を述べさせるだけの度量を、国民も国家も持つべきと思う。

司法改革と国民生活――弁護士が身近な存在に

磯野　ようこそ。随分お久しぶりですね。前回お目にかかってから六ヵ月以上が過ぎますが随分世の中変わってきたように感じますね。今日はどういう質問ですか。

A　ちょっと固いのですが、最近司法改革審議会が発足したという記事を見たのですが、我々の生活に影響があるのですか。

磯野　大きな影響があると思いますね。今、日本は国の全ての制度について大改革の真っ最中です。世界中が国境という垣根を取り払って、人、物、金が自由に動き回ろうとしています。日本は歴史的に見て自国に資源がないので貿易によって国を成り立たさねばなりません。この世界の流れに逆らうわけにゆかず、逆に日本はその国の特質から見てこの流れに乗らねばならないと思います。

Ａ　それが司法改革とどんな関係があるのですか。

磯野　国境の垣根を取り払うということは、日本独自の規制を取り払って世界の基準で全ての物事を規律して行かねばならないと言うことです。世界の先進国は、法的紛争を腹芸や官僚の行政裁量によってではなく、法律という誰が見てもはっきりしている基準で解決しています。だから法的紛争を迅速に解決するために法律家の数が日本と比較にならないほど多いのが特徴です。「何でもかでも裁判所で」という感じです。日本も様々な分野で規制緩和が進み、自己責任の原則が浸透してくると当然皆が自己の権利を最大限主張し出します。争いが生じたとき頼りになるのは法律であり、迅速に解決してくれる裁判所が必要になるのです。そのため身近な自分自身の弁護士が必要になってきます。だから司法改革の第一に法律家の人口増加があげられています。これによって弁護士の存在が一般市民にとってごく身近なものになることは間違いありません。

Ａ　その他司法改革としてはどのようなものがありますか。

磯野　今考えられているのは陪審制度です。一般市民が陪審員となって裁判官に代わって判決の結論を決めるのです。それを前提に裁判官が法律的理由付けをして判決とする制度です。日本では大正一二年の陪審法により刑事事件に関して陪審が行われましたが、約二〇年後に太平洋戦争の激化と共に停止されました。これを復活させようという動きです。これには、果たして素人に裁判ができるのか、情に流され公平を欠くのではないのかなどいろいろな批判がありまます。しかし国民主権の民主国家である以上、裁判も国民自らが行うのが当然であると考えられます。既に市民参加制度としては検察審査会があります。これは一般人が検察官の不起訴処分が妥当か否かを被害者の立場に立ってもう一度見直し、起訴相当という結論になれば起訴されるという制度で、検察官に手心を加えさせないようにしようというものです。十分機能し、誤りもないと聞いておりますので、陪審についても日本国民を信じて欲しいというのが私の意見です。ごく最近最高裁も、陪審制のように素人が判決の結論を決めるというところまではいかないものの、裁判に一般人が関われる形の参審制を認めはじめました。この流れがさらに大きくなることを期待するものです。

弁護士会の役割——自治権を持ち弁護士を監督

A　弁護士会がある弁護士を三ヵ月間業務停止の懲戒処分にしたという新聞記事を見ましたが、弁護士会って一体どんな役割をしているのですか。

磯野　弁護士は必ず、弁護士会の審査を受け登録されなければならず、弁護士会に加入する事が強制されています。弁護士法第一条には「弁護士は、基本的人権を擁護し、社会正義を実現することを使命とする」と書かれており、人権擁護が弁護士の第一義的使命です。ところで弁護士の歴史は国家権力からの自治権獲得の歴史といっても言い過ぎではありません。権利を侵害された人を救済するために、弁護士は誰はばかることなく自己の信じるところを依頼者のために主張し、活動出来なければなりません。時には侵害者が国家のこともあるので、弁護士は国家の監督下にあったのでは自由に物が言えません。そのため弁護士会に自治権を与え、国ではなく弁護士会に弁護士を監督させるのです。そこから弁護士は必ず弁護士会に属さなければならないと言う仕組みが生まれてきたのです。

A　どういう形で弁護士会は弁護士を監督するのですか。

磯野　もっとも厳しい形としては懲戒処分権の発動があります。そうならないために弁護士研修を行うことにより質の向上に努めています。ただ最近弁護士人口の増加に伴い懲戒処分を受ける弁護士の数も増えてきているように思います。職務上で高額な金を預かるため、その横領などが原因となっています。私はかつてのボスから「弁護士は本業以外のことに手を出し失敗し、懲戒を受けることが多いから慎むように」と教えられました。ただ今後もこの教えは正しさを保てるか疑問です。弁護士の数を増やす理由の一つに、日本の弁護士の数が極端に少ないため社会の法律専門知識を必要とする分野に弁護士が行き渡らず社会構造をいびつにしていることが揚げられているからです。弁護士の数を増やし本来の業務以外でも弁護士に活動させろというのです。ということは本業以外に手を出すことになり不祥事につながるのではないかという危惧が生まれます。実は私も危惧しています。しかし社会の発展のためには避けて通れないとも思っています。本業以外の分野に進んだ弁護士を弁護士会がどのようにコントロールできるのか難しい問題です。結局一人一人の弁護士が自己の社会的立場を自覚し高い視点から物事を考え、不祥事につながることをしないよう自己規制しなければなりません。弁護士会も遠慮なく迅速果敢に懲戒処分権を発動し不祥事を起こした弁護士を素早く懲戒し、その情報を広く公開する事により組織の透明度を深め、社会の信頼を勝ち取ることが大事です。そうすることにより弁護士自治に対する社会の理解が生まれ、個々の弁護士に対する信頼が深まっていくと思います。

Ａ　弁護士会の役割としては他にどのようなものがありますか。

磯野　知り合いに弁護士のいない人、お金に困っている人のための法律相談、法律扶助の仕事や、弁護士会に設置されている住宅紛争処理機関のように弁護士会に設けられた機関が直接法的紛争を解決するなどの役割があります。その他法律家の卵である司法修習生の指導や、新しい法律制定への関与なども重要な役割です。ただ弁護士会の委員会が多くなりすぎ、担当弁護士が四苦八苦しているのが現状のように思われます。バランスが難しいところです。

Ａ　自分がかかっている弁護士に対する苦情も受け付けてくれるのですか。

磯野　もちろんです。弁護士会は個々の弁護士に対する監督機関ですから、紛議調停委員会というのがあって、依頼者と弁護士の紛議の調整に当たっています。

忙しい中にも国民のために、大部分の弁護士は何らかの弁護士会の仕事に無償で時間を割き結構頑張っていると思います。

私のある一日――相談、解決……そして喜び

午前五時四五分：起床。すぐ毎朝の日課であるウォーキング開始。自宅近所の畑やため池沿いを約一時間歩く。朝露に濡れた青い空間が心地よい。一年三六五日歩くことにしている。その時ＩＣレコーダー、ポケットラジオ、ＭＤを持参。ラジオで六時からの早朝ＮＨＫニュースを仕入れ、ＭＤで英会話を聞く。歩きながら思い出した今日すべきことをレコーダーに音声入力する。あっと言う間の一時間。帰宅後ひと風呂浴びその後朝食。

七時四〇分：自宅を出る。ＪＲ天王寺駅着。この間車中で日経新聞を読む。時にはノートブックコンピュータを取り出し産経新聞連載の原稿を書く。締切に間に合わないときは車中から携帯電話に接続してインターネットメールで事務所に送り新聞社にＦＡＸ。

九時一〇分：事務所に到着。すぐに顧問会社定例訪問。数件の相談を受け法律指導。昼食前に事務所に帰り、事務所会議。弁護士四人、事務員五人全員が会議室に集合。前日電子メールで報告を受けていた各自の全担当事件についての報告書を元に処理事項を指示。それに対する質問を受ける。事務所会議は毎週一回主に月曜日の午前中約一時間行う。

昼食：事務所近所のそばやで減量を気にして鴨なんばんを食べ、喫茶店でコーヒー。

一二時三〇分：午後一時からの大阪地方裁判所堺支部での裁判に若手弁護士と共に出頭。土地の移転登記等請求事件の第一回弁論期日。二五年前に買い使用してきた土地の一部が他人名義になっていることが分かったのでその部分を分筆登記の上移転せよとの裁判。裁判所への往復車中が若手弁護士に対する極めて重要な指導の時間となる。具体的事件を通じ依頼者、相手方、裁判官との接し方、和解の呼吸、事件の筋の読み方、法的問題点などを議論し、具体的に説明。

三時前：事務所に帰る。帰路、歩道を歩きながら携帯電話で事務所にかかっている電話の内容を聞き処理方法を指示。さらに事務所に着いてから若手弁護士が作成した書面の点検。

四時：新件相談。不動産売買契約に関し、その効力があるか否かの相談。訴訟になることが予測できるので直ちに土地家屋調査士に依頼し対象土地およびその周辺の状況について調査。議論を通じ、必ず勝てるとの確信を得る。
五時：二年がかりの離婚事件にけりがつき終了手続のため依頼者来所。書類の返還と報酬額の協議をする。にこにこした顔の依頼者を事務所玄関まで見送る。依頼者の人生にいい形で関与できたことの喜びを感じる。
五時三〇分：顧問先の常務さんの緊急相談。取引先が倒産の危機に瀕し、債権が焦げ付きそうとのこと。担保取得の方法などを指導。
六時三〇分：告訴中の事件が間もなく逮捕という大詰めを迎えたため、依頼者に逮捕を求める意思の最終確認に来てもらう。現在の捜査状況を報告し確認書にサインをもらい終了。一年半がかりの告訴事件である。経済事犯で告訴を逮捕まで結びつけるのは至難の業である。
七時：昨年指導の司法修習生が合同研修のため上京するので壮行会を開く。弁護士三名と修習生二名で近所の割烹で食事をし、軽くスナックへ。
一一時三〇分：帰宅。入浴後すぐの一二時ごろ就寝。翌早朝五時四五分の起床に備える。
代表的な一日でした。気になる事件が幾つかあるので、夜中に目が覚めないように祈って寝床にはいる。

欠陥住宅救済法――一〇年間保証など三つの柱

A　最近買った建売住宅の床が傾き出し、業者に申し入れているのですが、専門用語を使って反論するばかりで全然誠意を見せてくれません。欠陥住宅救済法ができたそうですが内容を教えてください。

磯野　欠陥住宅の被害から住宅取得者を守るため、平成一二年の六月に「住宅の品質確保の促進等に関する法律」ができました。平成八年の日弁連「欠陥住宅一一〇番」発足当時の相談受付件数が七〇二件だったのが平成一〇年には一、一五〇件に上り、国民生活センターへの苦情は平成五年度に三、三〇一件だったのが平成九年度には七、六三六件と二倍以上に増えています。その原因として、最近の住宅不況時において住宅着工戸数の減少、人員合理化の遅れ、展示場維持コストの負担による利益率の低下等により建築業者がコスト削減の必要に迫られ、下請業者への請負代金がさらに圧縮されたため下請業者の手抜き工事が多く見られること、また関西地区では阪神大震災後になされた住宅の粗製乱造があげられています。この様な中で政府が本格的な欠陥住宅対策に乗り出したのが今回のいわゆる欠陥住宅救済法で、正しくは「住宅の品質確保の促進等に関する法律」といいます。

A　具体的な内容を教えてください。

磯野　三つの柱からなっています。新築住宅について、①建物の基礎や柱、梁など構造耐力上主要な部分や雨水の浸入に関する部分等に欠陥があった場合には、契約書面になんと書かれていようとも一〇年間は保証してもらえること、②建売・注文を問わず新築住宅について指定検査機関に検査をしてもらえば、「日本住宅性能表示基準」に定める性能を有する住宅であることのお墨付き（住宅性能表示適合マーク）をもらえること、③お墨付きをもらった住宅について法的紛争が生じたときは、弁護士会に設けられている住宅紛争処理機関で原則として一万円位の手数料のみで紛争を迅速に解決できるようあっせん、調停、仲裁をしてもらえることです。なお適合マークをもらっておけば中古住宅として売りにだすときも有利に売れると思われます。外国でもこの制度はかなり普及しており、日本でも四〇％くらいの普及率を目指しています。

Ａ　私のような場合は建物の床が傾いてきているので欠陥住宅救済法の適用を受けられるわけですね。

磯野　その可能性があります。適用される場合として、①の一〇年保証は建売・注文・マンションを問わず全ての新築住宅が対象になります。次に②の性能表示基準に基づく評価を受けられるのは一〇万円から二〇万円の費用を払い所定の検査を受けた新築住宅に限られます。そして③で紛争を解決してもらえるのは②の性能評価を受けた住宅のみです。ただいずれも平成一二年四月一日の施行日以後に新築された住宅に限られます。

Ａ　どのような検査がなされるのですか。

磯野　建設省指定の業者により、まず設計図段階において、次に工事の中間段階で、最後に完成段階で、それぞれ詳しい検査がなされます。そしてこの検査の資料は指定住宅性能評価機関で保管されますから、後日紛争が起こったときにこの機関から検査資料が届けられ、外から見えない箇所の欠陥もすぐに分かるようになっています。専門的知識を持った弁護士や建築士が担当する住宅紛争処理機関が大阪弁護士会にも設置されており、準備段階から委員の一人として私も時間を割いてボランティアしており、紛争処理委員にもなっています。

弁護士自身の司法改革――最も重要な〝明朗会計〟

A　司法改革の議論は法曹界とか司法制度とかの事ばかりで、一人ひとりの弁護士自身の司法改革のことが伝わってこないのですが。

磯野　私も気になっているところです。依頼者が弁護士に何を期待し、これにどう応えるべきかの視点から考える必要があるでしょう。

A　難しいことはいいのですが、とにかく①必要なときに気軽に相談でき、②ゆっくり話を聞いてもらった上でわかりやすくアドバイスを得られ、③十分信頼して事件を依頼でき、④費用の額も明確で、生活感覚から離れていないことが皆の求めていることだと思います。

磯野　まず「必要なときに気軽に」の点は、やはり日頃からかかりつけの弁護士をもっておく必要があります。弁護士はどなたからの相談にも応じるべきとは思いますが、見ず知らずの方の紛争に首を突っ込むには勇気が要ります。それで紹介者がある場合のみ応じるとしている弁護士も結構あります。しかし応じるか否かは本来弁護士自身が自分の目で見て決めるべき事柄だと考えていますので紹介者がなければだめだというのはおかしいと思います。まずこの点の改革が必要です。

つぎに「ゆっくり話を聞いてもらえ、わかりやすく説明してもらえる」との点は、弁護士に限らず専門家一般にいえることと思います。素人の方に噛んで含めるように説明するというのは一つの熟練と時間的余裕が要ります。これから高齢化社会になると老人の依頼者が増えますので弁護士としては特に心がけるべきでしょう。依頼者と同じ目線に立ち、依頼者と共に怒りを感じなければ本当の弁護はできません。要領よく試験に勝ち抜いてきた若い修習生にはあまりにもクールすぎる者が目立ちます。事件の解決はもっと泥臭く苦渋に満ちたものの中から得られるものであるとの自覚が必要です。依頼者と悩みを共有しそこから事件の解決を考えればおのずと依頼者にわかりやすい説明もできるわけです。この点の自己改革も必要です。

Ａ「十分信頼して事件依頼をできる」という点はどうですか。

磯野　事件の解決には紆余曲折があります。そのような中で依頼者の信頼を勝ち取るためには、一言で言えば依頼者に事件の進行が全て分かるようにすることだと思います。黙ってついて来いの古い体質は直ちに改革されるべきでしょう。

Ａ　最後の「費用」の点はどうですか。

磯野　ごく専門的な弁護士の費用額は上がるかも知れませんが、逆に弁護士なら誰でもこなせる分野の費用は下がると思います。むしろ弁護士以外の資格者がそのような分野を弁護士とともに低額で処理していくかも知れません。費用の点での自己改革は事件解決に必要な総費用の上限を明確に依頼者に提示し、契約書面にすべき点です。従来は後日費用の点でトラブルの可能性のある依頼者の場合だけ書面化していたように思います。一体幾らの費用がかかるのか分からない買い物をするということは本来あり得ないことです。紛争解決は予測に困難は伴いますが、それでも経験を積めば不可能なことではありません。私としては弁護士自身の自己改革としてこの点が最も重要で、しかもすぐに取りかかれる点だと思います。

Ⅵ章

アメリカにおける調停の再発見

レビン久子

ブルックリンからの便り――米国にもある「調停」

　私はニューヨークに住み、調停人をつとめている。こう自己紹介すると、ほとんどの日本人は「アメリカにも調停があったのですか」と驚く。だがそのような反応も無理はない。日本と違い米国で調停が利用されるようになったのは三〇年前くらいからで、市民の認識もまだ低く、時々、調停（ミディエーション）を瞑想（メディテーション）と勘違いしているアメリカ人に出くわすほどである。

　利用されはじめたのは最近だが、調停の歴史そのものはそれほど浅いわけではない。特にこの国がまだイギリスの植民地だったころ、建国の父、ピューリタンたちが利用したトラブルの解決法は話し合い、つまり調停だった。人間とは法律で強制されるのではなく、自己の道徳観と良心に基づいて行動すべきだという信念を持っていた彼らは、共同体の運営に法律が入り込むことを好まず、そのような傾向は現在でも植民地時代の生活様式を守っているアーミッシュのコミュニティーなどに残っている。

　ところが一九世紀に入ると、調停に代わって法律が多用されはじめる。国家として合衆国の政体が確立するにつれ法律も整備されたことがその理由だが、さらに社会の工業化とともに弁護士を雇える資産家が現れたこと、膨大な数の労働者移民が流れ込んだことも理由と考えられる。一口に「移民」と言っても、その様子はわれわれの想像をはるかに上回る。一九一〇年の国勢調査には、移民は総人口の一四%と記録されているが、実に、道行く一〇人のうち一・四人は外国人だった計算になる。だから紛争が発生しても、お互いの常識や価値観を問題にしても意味はなく、「法律ではコウコウだからお前が悪い」という方が理にかなっていた。

こうして米国は、いわゆる「訴訟社会」に入っていくわけだが、一九六〇年代になると反対に、市民の「法律離れ」が始まった。その理由は裁判所の混雑だ。訴訟数があまりにも増え、対応しきれなくなったのだ。民事事件なら、大都市の場合、訴えを起こしてから公判まで二～三年はかかる。その間に証拠は紛失し、証人は引っ越し、悪くすれば亡くなってしまうかもしれない。自分は絶対に正しい、必ず勝つと信じて訴訟を起こしても、実際に結果がどうなるかははなはだ心もとないわけで、それならいっそのこと自分たちで直接話し合って和解しようと人々は考えた。

そうして調停が再発見されたのだが、この時注目すべき現象が起こった。再利用にあたり、なぜ、今、調停が必要なのかについて人々は考察を始めたのだが、やがてそれは法律だけでなく、司法制度と社会生活のあり方を見直すような研究に発展した。その結果、現代調停理論が確立され、その技術が編み出された。こうして昔からの調停は、未来の紛争解決法に脱皮したのである。

同席調停について（1）――座る位置も和解の尺度に

米国の調停は当事者が顔を合わせて話し合う、日本で「同席」と呼ばれる形式で行われる。前項で、古代の調停は未来の紛争解決法に脱皮したと述べたが、この同席という形式こそ、現代調停の理念を具現するものである。米国では、同席の他、当事者は別々の部屋にいて、調停者がその間をいったり来たりする方法（シャトル調停と呼ばれる）も利用されているが、この利用は、私は、当事者間に暴力沙汰が発生しそうな時だけに限っている。トラブルとは異なった価値観や人生観を持っている人の間で起こるもので、そのような違いは二人が顔を合わせて話し合わない限り、まず表面には浮かんでこない。相手に聞かせたいことと聞かせたくないことを、調停者がコントロールできるシャトル調停だと、紛争の核心に触れないまま和解する恐れがあり、問題は解決しても当事者の不満が残ることになる。

だが、そこは喧嘩をしている人同士、そろって座れといわれてもそう簡単にはいかない。顔も見たくないのが本心だろう。私が働く調停センターには待合室がひとつしかなく、当事者の一方が待合室にいると、相手方は廊下で待っていることが多い。調停室に入っても、それとなく椅子をずらしたり、椅子はそのままでも斜めに座って相手を正視しないようにしたりする。部屋に入る時の様子は、調停者にとって当事者間の悪感情を計る大切なバロメーターだが、もしお互いが意識して目を合わせないようにしていたら、どんなに礼儀正しくても要注意だ。

私は今、父親と娘の面接交渉ケースを抱えている。当事者は三〇代の男女で、一一年前彼女が妊娠し同棲した。だが生まれた子が最初の誕生日を祝った翌日、彼は荷物をまとめて家を出た。「娘が一歳になるまではと、我慢していた」と彼は説明するが、彼女はその時彼の無責任さを悟ったという。その後二人はそれぞれ別の人と家庭を持ったが、娘を巡る争いはまだ終わっていない。話し合いはこれまで二回行われたが、二回とも二人は相手を見ず、私の方を向いて座っていた。彼らが向き合って座ったとき、和解は成立すると期待しながら私は調停を続ける。

別の事件では、どうしても相手方と同じテーブルに座りたくないという当事者がいた。その女性は窓際の予備椅子に腰を降ろし「ここが居心地がいい」と言い張る。仕方なく、彼女ははるか向こうに座ったまま、相手方と私がテーブルに着き調停を始めた。ところが、調停が進んで和解が目前になったころ、彼女は自らテーブルに移動し、まっすぐ相手の目を見ながら話しはじめたのである。調停者が心中「やった！」と叫ぶのは、正にこんな時だ。まれにだが、待合室で仲良く一緒に待っている当事者がいる。こんな場合も注意が必要だ。お互いに物事を分かっていず、調停でも気分次第で、相手を喜ばすために非現実的な約束をする。そのような当事者に限って、必ず数ヵ月後、約束不履行で戻ってくる。

同席調停について（2）――恋愛の果てに「暴力沙汰」

普通米国の調停では当事者が向かい合って座る。こう言うと、ほとんどの日本人は「けんかになりませんか」と尋ねる。もちろん、口げんかは起こる。怒鳴りあう声が部屋の外に聞こえることはしょっちゅうだ。しかしそれが暴力さたに発展することはあまりない。その理由は、調停センターにはお巡りさんが二人常駐し、危険な雰囲気になると「大丈夫ですか」と、姿を見せてくれるからだが、反対に声の大きさにのまれてしまったら、調停の仕事はできないともいえる。

私が働く調停センターはニューヨークのブルックリンにあり、住民はカリブ海から移民した黒人とユダヤ系市民が多い。黒人は日本人に比べ声に張りがあり、本人は怒鳴っているつもりはないのに、そう聞こえることもある。それにニューヨーカーは口げんかがうまい。売り言葉に買い言葉、言葉にリズムとテンポを持たせ、短く鋭い嫌みを迷うことなく言ってのける。英語が母国語でない私はいつも感心してしまうが、怒鳴り合いは当事者が不満をブチまけ心を空にするという効果もあるので、一概に悪いとは言えない。

クジャクが大きな羽を広げて相手を威嚇するのと同様、ただ怒鳴っている当事者もいるから、その場合調停者は黙って聞く。反対に当事者が怒りで度を失っているようなら、即座に相手方に退室を願い、暴力が始まる前に二人を引き離す。つまり調停者は威嚇と怒りを見極める必要があるのだが、それをするためにこれと言って決まった方法はない。各自経験と勘によってそれを体得するわけで、私の場合は普通当事者の目を見て判断している。

これまで五年間の調停活動で、私は幸い調停中の暴力さたはまだない。しかし、待合室で暴力が発生したことは二件ある。ひとつは一八歳の女性と二一歳の男性の恋愛事件で、子どもをおろした女性が、今後完全に他人でいてほしい、電話もくれるなと要求したケース。男性もそれを同意し、私がオフィスで合意書を作っている間に女性の母親と男性の間でけんかが始まった。物音がして出ていくと、待合室で母親と男性が組み合っていた。いくら娘がもう終わったと言っても、母親は腹の虫が収まらなかったのだろう。私は調停者として母親がいては二人が思うようにものが言えないのではという配慮から彼女を調停室に入れなかった。だが、入れたほうがよかったのだろうかと、数年後の今も迷う。私にはショックな事件だった。

二度目の暴力も恋愛が原因だった。ある男性がいとこ同士の女性二人と関係し、一族全体が争うようになった事件で、調停には女性だけ来た。二人が話しづらそうなので、個々に話を聞こうと一方に退室してもらったが、退室した方が待合室にいた他方の家族と小競り合いを始めた。暴力が発生すると事件は裁判所へまわされるため、詳細はいまだにわからないままだ。夫婦げんかは犬も食わないとはよく言ったもので、恋愛事件はできたら避けたいと思う。

調停は未来のトラブル解決法――柔軟と信頼を基本に

調停の利用は今後ますます増加すると考えられるが、その理由は、調停が未来の紛争解決にふさわしい二つの基本的要素を備えているからだ。まず、調停は大変柔軟性のある解決法である。何度も述べたが、調停では当事者同士が直接話し合って和解する。ということは、話し合いの日時や場所は当事者がお互いの都合で決めることができるという意味だ。実際ここニューヨークでは、ビジネス紛争が午後六時から企業の会議室で始まったり、二四時間作動する工場で起こった争いが、工員のシフトが終わる朝六時に調停されたりする。

日時や場所だけではない。当事者は話し合いの内容も自分で決めることができる。そうなると出てくる解決策もまた当事者の都合を反映する、ごく現実的なものになる。例えば、ある人が一〇〇万円の弁償を要求し、相手方も同意した。だが、相手方はその額を支払う能力がないというケースを想定してみよう。その場合こちらはどんな対応策が取れるだろうか。悔し紛れにその人を刑務所に送っても効果は薄い。お金が入ってこないばかりか、逆恨みされかねない。しかし調停なら、どうしたらその人が支払えるようになるかを、率直に話し合うことができる。そうして、支払期限の延長とか利子の軽減とか、あるいは、相手方が所有する三〇万円相当の海外旅行ご招待券を渡すとか、夜どこかでアルバイトをしてお金を月賦で返すことにし、双方が働く先を一緒に探し、見つかるまで支払い開始を延ばすというように、実に自由自在、いろんな形の解決策が立案され、双方の現状と好みに合わせて選択される。

第二の要素は、調停の解決はお互いの信頼を基本に成り立つ、つまり人間の善意を求める方法だという事実である。調停の合意は厳密に言えば個人の約束である。だから相手を信用することができなければ、あるいは相手に信じてもらえなければ和解は成立しない。従って、当事者は調停中、相手の言葉の信ぴょう性を測りながらも、どのようにしたら相手に自分の言葉を信じてもらえるかも考えることになる。この点、調停の解決は、黒白をつけること、従って相手の間違いを探すことを目的にした調停以外の解決手段とは完全に異なる終わり方になる。

加えて、世の中が調停を必要とする状態になってきたことも見逃せない事実だ。その状態とは一口で言えば世界の一体化と価値観の多様化である。航空産業とインターネットの発達は異文化どうしの接触をかつて考えられなかったほど密にしているが、接触が増えればトラブルも発生する。ところがそのようなトラブルを裁くための世界共通の法律は、まだ十分に整っていないのが実情だ。つまり、かつて植民地時代のアメリカに法律がなかったように、地球もある種の無法社会状態にあるといえる。やがて世界は共通の法律と通貨を持つようになると思われるが、それまではトラブルの解決は調停に頼るほかない。

調停で学んだこと――自分の「価値観」で考えない

「調停は調停者も成長させる」とよく言われるが、私はその意味を長い間誤解し、調停者は争いを見知るにつけ、その無意味さを悟り、つまらないけんかをしなくなると考えていた。何とも手前勝手な解釈だが、現実に調停が調停者に教えるものはそれほど単純なことではない。調停にはもっと意味の深いものが込められていると私は思う。

そもそも、争うことが無意味とは、何を基準にした意見だろう。世の中には自分でも知らないうちに争いに巻き込まれた人、どうしても許し難い仕打ちを受け立ち上がった人、家族や友人のためにやむなく、けんかをする気になった人もいる。まるでテレビ時代劇の世界だが、私たちが争いを始めるには必ずそれなりの理由があり、それは本人から直に聞かなければ分からない。それを聞かずに、第三者が「無意味」の一言で切り捨ててしまうのは短兵急であり、高慢でもある。もし私が当事者なら、そんな人に調停をしてほしくない。

私は調停を通じて争うことの大切さを学んだ。人はそれが無視できないことだから怒り、けんかをするわけで、問題は、けんかの仕方で、けんかそのものではない。それではけんかの仕方とは何を指すのだろうか。ひとつには、けんかで困っているのは自分だけではないという真実を知ることである。自分が相手に対し我慢できないと思っているのと同様、相手も自分に対し怒り、悲しみ、困惑し、不安になっているのだ。この事実は単純だが、紛争に巻き込まれた人はほとんどこの点を見逃している。見逃したまま自分だけが被害者だとかたくなに思い込んでいる。

次に相手を自分の尺度で批判しないこと。ニューヨークは「人種のモザイク都市」と呼ばれるほど多種多民族が集まっている。しかも各人がそれぞれの言語と習慣を守り勝手な暮らし方をしているから、いったん対立が始まると、誤解が誤解を生み、とどまることを知らなくなる。かつてアフリカ出身とカリブ海出身の黒人男性の争いを調停したことがある。騒動の原因は忘れてしまったが、二人とも相手のいないところで「アジア系のあなたにはわからないかもしれないが、同じ黒人でもアフリカ（カリブ海）出身は人間としての品性に欠ける」とこぼした。

双方から同じ告白を聞き私はかなり驚いたが、このように相手を独断していることも調停に来る人の特徴だ。問題の解決には双方がそのような態度を捨てることが大切だが、それは捨てることによって、お互いの違いを認め、共存できる接点を見つけようという気持ちになるからだ。しかし、そのような気持ちが必要なのは当事者だけではない。調停者にも同様の態度が求められている。なぜならば、どれほど熱意を持って臨んでも、調停者が自分の価値観で当事者を判断していると、不思議に和解はまとまらないのだ。あるベテラン調停者は、「自分は当事者を理解しよう、もっと良く知ろうと思いながら調停をする」と語った。調停は争いの大切さと人を理解しようとする姿勢を教えている。

（ニューヨーク・ブルックリン調停センター調停者）

読者のみなさまへ

井垣康弘

四年前の一九九六年にスタートしたとき、裁判官が新聞に原稿を書くのはうんと珍しかった。なにしろ「裁判所は何も悪くないし、何も言うべきこともない」という風潮であったから、私も周囲に気兼ねし、ビクビクしながら書き始めた。だから、自分で読み返しても、最初の方の原稿はあまりおもしろくない。しかし、意外にもかなりの数の読者から意見が寄せられた。実際に裁判を利用して、裁判官や検察官や弁護士に失望したという方々の悲痛な叫び声には、何故か激しく心を揺さぶられた。そして、私も段々本音に近いことを表し始めたように思う。

そして、昨年一九九九年夏に「司法制度改革審議会」がスタートして以来、裁判所部内の空気も一変しようとしている。「改革審」の議論を追いかけ、かつ追い越そうとしている『月刊司法改革』という雑誌（現代人文社）は、「誰でも参加。何でもあり」の大論争で、今や法曹界でもっともエキサイティングな雑誌になっているし、現職の裁判官たちも、いろいろなメディアでかなり自由に意見を発表し始めた。もはや、裁判官が発言すること自体は問題ではなく、中身がどうかが問われるようになってきている。

これには、同じころ発足した「日本裁判官ネットワーク」の存在も大きい。ネットワークの裁判官一二名が執筆して講談社から出版してもらった『裁判官は訴える！　私たちの大疑問』は、司法の法曹界ものとしては異例のベストセラーになり、本の末尾に記載したホームページには、司法のユーザー（弁護士を含む）からのメールが毎日のようにジャンジャン飛び込んで来ている。内容は、ほめられたり叱られたり、その他いろいろであるが、とにかくおもしろい。私も朝夕「お茶の間」でメールを開いて読んでいる。

この文章の末尾に私の個人メールのアドレスを載せる。直ぐに返事が書けるかどうかは自信がないが、この本の読者のみなさんとメールで対話ができることを希望している。

さて、執筆の途中で、大阪家庭・地方裁判所岸和田支部から神戸家庭裁判所へ転勤した。同席調停をさらに推進するため「家事部」を希望していたのに、当てが外れて「少年部」になった。とたんに例の神戸須磨連続児童殺傷事件が私の係りに継続し、審理の末、医療少年院に送致した。その少年Aくんに年に一度は会いに医療少年院に行くのも私の仕事のうちである。

最近、まじめそうで良さそうな子が、いきなり切れて、とてつもない凶悪事件を起こしているということで、世論が沸騰し、少年非行に対する対応のあり方が問われている。私は、少年司法の手続に、もっと市民や被害者に参加して貰う方向で改革を考えている。市民の参加というのは、参審制度の実現であり、被害者の参加とは、加害少年側と被害者側とが、直接対面して十二分に話し合う場所と時間を提供し、その話し合いをスムーズにするためのサポート態勢を構築する試みである。詳しくは、日本評論社『法学セミナー』二〇〇〇年一一月号の拙稿「『裁判所の窓から』みる少年法の課題と改革」を是非お読み下さい。

メールアドレス　igaki@gaea.ocn.ne.jp

南　輝　雄

産経新聞の連載では私はできるだけ〝本音〟を書いたつもりである。弁護士の仕事が、はたから見るほどかっこいいものでも、余裕があるものでもないことは本文を読んでいただければお分かりいただけると思う。人間同士の争いといういわば最も泥臭いもののど真ん中にいるのだから、かっこよくて余裕があるはずなどないのである。

テレビに出てくる弁護士は皆かっこよくてズバズバ事件を解決していくが、実態からはほど遠い。テレビの弁護士はたいがい一つの事件に全身全霊を打ち込んでやっているように見える。しかし、私の事務所の事件が一つだけだと、間違いなく倒産である。離婚、相続、土地建物の明渡し・賃料値上げ、境界争い、交通事故、欠陥住宅、サラ金、破産などなど種々の事件に日々取り組んで休む暇もほとんどないというのが私を含めた多くの弁護士の実態である。そんなしんどい仕事を何故やっているのかといえば、一つには誰でも同じと思うが生活のためである。

しかし、それだけではこの仕事は続かない。頼りない私でも頼ってくれる依頼者がいるからである。中には、事件が終わって何年たっても折りにつけ事務所に顔を見せてくれる人もある。弁護士冥利に尽きるといえば大げさになるが、やはりうれしいものである。

こんなことで、今も弁護士を続けている。この本を読まれて読者の中からもしんどいかも知れないがおもしろそうだからと、弁護士になってみようかという方が何人かでも現れれば望外の喜びである。今、法曹の絶対的人数の不足がいわれている折りから意欲的な仲間が増えるのはいいことである。

あわせて裁判についても書いておこう。

読者の方の疑問の一つは、同じ事件なのに一審と二審では結論が正反対になったりするのはどうしてかということであろうと思う。ちなみに第一審の次の裁判である控訴審で判決の結論が変わる割合は、民事の場合のごく小さな変更も含めて四件に一件くらいである。

このように結論が変わってくることがあるのは、多くの場合、提出された証拠によりどのような事実があったかと判断するか（事実認定といっている）が、裁判官によって違うためである。結論が動いたからといって、一審の裁判所が間違っていたというわけではない。やはり一審の方がより実情に近かったこともあるだろうし、事実は一審と控訴審の判断の中間あたりということもあるだろう。本文にも書いたが裁判官が自分で見たわけではないので事実認定は本当に難しい。

このように事実認定は難しいが、裁判をする人ができるだけ社会経験の多い方が種々の事件の実情をつかみやすいことは間違いない。

この点も社会経験の多い読者の方が、職業裁判官になっていただくのはもちろんのこと、そうでなくても、国民が司法に参加できるようになった場合、率先して参加していただきたいと思っている。この本を手にされた方は参加される下地は十分お持ちと思う。

今いわれている司法改革が国民みんなのものとなることを心から願う次第である。

井上二郎

弁護士になって今年で二九年目になる。この連載の冒頭にも書いたが、私は商社、メーカーなどで一〇年間会社勤務をして、三三歳で司法の世界に入った。一九七〇年司法修習生になり、裁判所、検察庁、弁護士会で二年間実務研修を受けた。学校を卒業してちょうど一〇年、私には会社生活では味わえなかった自由闊達な雰囲気の中で、まるで学生時代に戻ったような気分で楽しく実りのある研修生活を送れたことは、ほんとうに有り難いことだったと思っている。

だが同時に、非常に驚いたこともある。それは、もちろん決して皆がそうだというわけではないが、裁判官、検察官に見られた滑稽とも思えるエリート意識の強さと、その意識のせいか、どこか市民の常識とはズレているなと思ったことである。とりわけ裁判官にそれを感じた。それから約二九年経ったいまでも基本的にはその感じは変わっていない。そのいくつかの例をこの連載でも書いたが、それは、多かれ少なかれ弁護士にも言えることである。だから、私は裁判官の目線の高さなど裁判官批判を書いたが、それは弁護士として自省の意味も込めて書いたつもりである。

ともあれ、司法の世界には、そのときどきの世相を反映する事柄がストレートに紛争の形をとって押し寄せてくる。弁護士の仕事は、いささか格好よく言えば、世相が生みだす紛争、社会の不合理・病理現象を直視し、これに立ち向かって解決することにある。だから、どうしても、社会の現状に対して批判的になる。「権力を持つ者には権威を持たせるな。権威を持つ者には権力を持たせるな」が私の信条である。権力と権威を合わせ持つ者は独善に陥り勝ちだからである。裁判官はいうまでもなく権力を持ち、多くは一人でこれを行使できる。だから、裁判が独善に陥らないよう、裁判官に権威を持たせることなく、市民が裁判を監視していくことが大切だ。そのためにも裁判への市民参加が是非必要である。

片山登志子

四年前、産経新聞へ一緒に連載してみませんかと井垣裁判官から声をかけられたとき、正直なところためらいがあった。まだ弁護士としての経験も浅く無我夢中で事件に向かっているだけの私には、市民のみなさんに語り続けるだけのテーマもまとまった考えもないと不安に思ったからである。井垣裁判官から、「事件の現場にいる弁護士のありのままの姿を読者に伝えることが大切。書きましょうよ」と励まされ、勇気をふるってお引受けすることにしたが、原稿を書くのも無我夢中であった。

毎回、読者のみなさまに何かメッセージを送りたいとは思ってはいたが、今読み返してみるとやはり独りよがりの感がして、赤面の思いである。ただ、拙い原稿のなかから、トラブルに遭遇した市民の悩みや、トラブル解決までのプロセス、そこに横たわる司法の現状の問題点などを少しでも読み取っていただければ望外の幸せである。

ところで、ここ一、二年、司法の世界は私が弁護士になった当初には想像もできなかったような変革の動きが現れてきている。

一九九九年夏に設置された政府の「司法制度改革審議会」では、これからの司法（法曹）は「国民の社会生活上の医師」としての役割を果たすべき存在でなければならないと指摘し、法曹養成のためのロースクールの設置や、国民が裁判に参加し実質的に関与していくことを実現するための陪審・参審制度の導入、裁判官を社会経験豊かな弁護士などから広く選任していく制度の導入など、日本の司法制度の抜本的な見直しを現実のものとして検討している。

私が原稿の中で触れた「離婚紛争の解決はすべて家庭裁判所で」という提言も、もはや夢物語ではなくなってきた。司法を利用する市民の視点にたった改革が、今ようやくにして実現の方向へと動いてきている。しかし、本当に「市民による市民のための司法」を実現するためには、もっともっと市民の生の声を届けなくてはならないと思う。法曹の中で市民に最も近い存在である弁護士の一人として、これからも市民の声を司法の世界に届け活かす努力を続けたいと思う。

磯野英徳

産経新聞連載にあたり、編集委員からの注文は「顔の見える記事」を書いて欲しいというものでした。専門家の仕事は誰がやっても同じ結果がでなければなりません。その中で顔、即ち個性を出す方法はなにかと考えました。そこで私は人生観を前に出すことにより顔を感じ取ってもらおうと思いました。

本論でも述べていますが、私は人生とは心豊かに生きるそのプロセスに目的があると考えています。全ての人が人種を越えて、たった一度の貴重なワンチャンスを心豊かに生きる権利があり、例外なくそれが実現されねばならないと考えています。そこに法の目的があり、これを実現するのが我々法律家の役割です。司法改革も、競争社会の実現も全てこの目的にかなうものでなければなりません。

人（ひと）は地球上において存在するたった一つの「種」です。生まれ落ちたその時から誰にも平等に何拾億個もの脳細胞が与えられています。これが無限の働きをすることができます。人間は小宇宙であるといわれるゆえんです。その人（ひと）が皆、貴重なワンチャンスを、しかも心豊かに生きたいと考えているのです。この二三年間、関与してきたいろいろな事件を通してその皆の思いがひしひしと伝わってきます。その思いに応えられるように、いい形で、一人一人の人生に関わることができれば、といつも心に思っています。

なお、現在日本は国家の構造にかかる部分において大改革の嵐が吹き荒れています。司法制度においても例外ではなく、法律家の養成制度から始まって裁判自体のあり方まで問い直されています。このような中で、一人の法律家としてどのような考えを持つべきか思い悩むところです。当然に依頼者一人一人の顔を思い浮かべ、地に足のついた改革論を考え、意見を述べていくべきものと思っています。

最後に、「あとがき」で今西記者から「不動産法で著書を出している磯野英徳弁護士」とご紹介いただいておりますが、人生を賭けた大取引である住宅の購入を皆が安心してトラブルなしにできるように、不動産取引をわかりやすいものにするため、実務に合致した、業者も購入者も納得のいく理論の研究と新しい不動産取引システムの構築に、少しでも役立ちたいとの強い希望と熱意をもっていることを述べたいと思います。

あとがき

産経新聞大阪本社文化部　今西富幸

いまだから明かせる話がある。

「答えが出るまで、最低半年はかかるそうですよ」

井垣康弘判事に産経新聞への原稿執筆をお願いしたとき、裁判所の恐るべきシステムを聞かされ、思わず腰が抜けそうになった。四年前のことだ。確かに現職裁判官の連載なんて聞いたことがない。われながら、とんでもないことを思いついたものだが、すべては当時、社会部の大阪版を担当していた真鍋秀典デスク（現・文化部次長）のひとことから始まった。

「なにか、面白い企画ないかなぁ…」

そう聞かれた私の口から、何の思慮もなくこんな言葉が飛び出していた。

「裁判官に記事を書いてもらったら、どうですかね」

とっさに頭に浮かんだのが、あのころ大阪家裁岸和田支部に勤務されていた井垣判事である。社会部の司法記者だった私は、ちょうどその一年前に初めてお会いしたばかり。「同席調停」を積極的に取り入れ、調停成立率を高めたことで法曹界ではちょっとした話題の人だった。

同席調停とは、当事者同士が直接対面し、互いの心情をぶつけ合う。暴力さたを嫌う風土から、別席が主流の日本では、まだなじみの少ないスタイルらしい。私には、聞きかじったそれだけの知識しかなかったが、この新しい取り組みはむろん、こんなことをする裁判官にどうしても会ってみたくなった。司法記者といえども、非公開で行われる遺産相続や離婚などの家事調停が取材対象になることはめったにない。断られるのを承知で判事に取材を申し入れると、「では、いつお会いしましょうか」。もちろん驚いたのは、私の方である。

この取材がきっかけとなり、新聞連載まで思いついてしまった訳だが、さすがにこのときだけは、話を持ちかけるのをためらった。本来、果たすべき役割の低さから「二割司法」という言葉で裁判所が揶揄（やゆ）され、司法改革の理念さえ、おぼろげだった時代である。腹を決め、再び判事にお会いした何かの席で思い切って切り出してみた。すると、判事は「ほぉ、なんとなく面白そうですね」と興味深そうに笑った。

程なくして裁判所に「決済」を仰いだ判事から打ち返されたのが、冒頭の言葉である。私が当初、考えていたのは、掲載は週一回、四〇〇字詰め原稿用紙で三枚（一二〇〇字）、期間はとりあえず一年程度。それを判事ひとりに書いてもらうつもりだった。だが、連載が可能かどうかの結果が出るのが半年先。しかも「ＯＫ」か「ＮＯ」かも分からないとなれば、やむなく方針を変更する以外なかった。それにしても、なぜこんなに時間がかかるのか。後になって知ったことだが、裁判官が長期間、商業紙に連載した例がなく、副業を禁じた職務規程に抵触する恐れがあったというのが、どうやら、その答えのようである。

そこで浮上したのが、井垣判事が主宰していた「家事調停改革実務研究会」だった。これは、判事が同席調停の試みを弁護士や家裁の調停委員、大学教授らにも幅広く知ってもらおうと始めた勉強会である。そこに参加している人たちに、持ち回りで書いてもらえばどうだろうか。これなら、家裁所長の決済でよさそうだという判事の説明もあって、ようやく連載の骨格が現実味を帯び始める。

メンバーは、井垣判事のほか、元裁判官の南輝雄弁護士、元商社マンという一風変わった経歴をもつ労働問題に詳しい井上二郎弁護士、ＰＬ（製造物責任）法など消費者問題のパイオニア的な存在の片山登志子弁護士、不動産法で何冊もの著書や論文をもつ磯野英徳弁護士といういずれも個性あふれる四人の面々。ワンクールひとり五回ずつ交代で執筆してもらうことが決まった。

かくして連載は、平成八年一二月から始まった。本書に収められたのは、一一年末までの三年間、産経新聞大阪版でリレー形式で書き継がれてきたものである。私は記事の橋渡し役をつとめただけにすぎないが、生原稿を最初の読者として読ませてもらったのは、実にスリリングな体験であった。人間味あふれる内容に毎回、ニヤっとさせられ、新聞記者が青ざめそうなレベルの高い文章にも驚かされた。外部の人に記事を書いてもらう場合、編集者が注文をつけるのが常識だが、本書では、ほぼそのままの形で掲載されていると思ってもらっていい。

連載を発案した私自身、一冊の本にできるほど長く続くとは思ってもみなかった。もちろん、続くには確固とした理由があったのだといまは断言できる。本書では割愛したが、連載時は「読者との対話」シリーズも試みた。この手の連載では珍しく、読者から五〇通近い投書やＦＡＸが寄せられ、それに執筆者の側が応えてみようという狙いで企画した番外編である。弁護士会への内部告発あり、法律相談ありと、ときには執筆者を思い悩ませる反響もあったけれど、なにより、うれしかったのは、遠い存在に思えた裁判官や弁護士が少し身近に感じられるようになったという声が少なからずあったことだ。本書を読めば、そのことが十分納得いただけるだろう。

さらに、ニューヨーク・ブルックリン調停センターの調停者、レビン久子さんに書いていただいた番外編「ブルックリンからの便り」も興味深かった。米国は同席調停の先進国である。このスタイルが定着したのも、いさかいを恐れず、人間の愚かさを受け入れたうえで、ともに歩みよることができるという「温かい視点」が、紛争解決の根底にあるからだろう。レビンさんの原稿は、裁判官や家裁調査官にぜひとも読んでいただきたい。紛争というものの本質が見えてくるという意味で、日常生活のトラブルのなかで暮らしているような私たちにも参考になると思う。

つくづく思うのは、もしあのとき、裁判所のシステムを聞いてあっさり諦めていたら、連載が世に出ることもなかったということである。いまでこそ「日本裁判官ネットワーク」が発足し、裁判官自らが胸襟を開いて市民に積極的に語りかけようという機運が生まれている。この間、裁判官による新聞執筆も決して珍しくはなくなったが、ここに至る道のりは決して平坦なものではなかった。世論の必然が時代を突き動かしたのだということを忘れたくない。この連載が、そんな時代の波をつくるうえでいくらかの手助けになったのだとしたら、これほど感慨深いことはない。

ところで私はいま、文化部で映画担当というずいぶんと畑違いの仕事をしている。連載の方は、窓口役が司法キャップの後任、松尾理也記者（現・東京社会部）、小島康弘記者（大阪社会部）に引き継がれ、執筆者も片山、磯野両弁護士に代わって伊東武是・大阪高裁判事、中井洋恵弁護士という新メンバーを迎えて、いまも続いている。

ある読者の投書を紹介したい。

〈市民のレベルから乖離（かいり）した雲上人は、自然淘汰される。雲上人が巷にまぎれ込み、衣食住すべてに共生できてこそ、真の市民に戻れる。二一世紀には、法曹界人に自覚変化が起こり、雲上より巷に降りてこられることを期待したい〉

差出人の男性は五三歳。リストラで現在、職探し中とあった。

だれのための司法なのか。今一度、この原点を思い起こしたい。そうすれば、いまの司法改革議論も、おのずから進むべき道が見えてくると、私は信じている。最後に、片山弁護士の推薦で本書を世に出していただいた花伝社の平田勝氏に、心より御礼申し上げたい。

裁判所の窓から

2000年11月10日　初版第1刷発行

著者 ―― 井垣康弘　南輝雄　井上二郎
片山登志子　磯野英徳　レビン久子

発行者 ―― 平田　勝

発行 ―― 花伝社

発売 ―― 共栄書房

〒101-0065　東京都千代田区西神田2-7-6 川合ビル

電話　03-3263-3813

FAX　03-3239-8272

E-mail　kadensha@muf.biglobe.ne.jp

http://www1.biz.biglobe.ne.jp/ ~kadensha

振替 ―― 00140-6-59661

装幀 ―― 長澤俊一

印刷 ―― 中央精版印刷株式会社

ISBN4-7634-0361-3　C0032